少しの工夫でたくさんラクする

# 毎日おいしいおかず 220

柳川かおり

Daily Dish

# contents

6 1 買い物と食材整理のこと

買い物は週2回。
食材は仕分けして
すぐに使えるように準備します

8 2 調理と道具のこと

スムーズに、そして
もちろんおいしく作るために
自分なりの
こだわりポイントがあります

10 3 盛りつけと器のこと

料理をおいしく見せることも大切。
盛りつけは
本なども参考に研究します

少しの工夫でたくさんラクする

## ハーフ作りおきと常備菜12のおすすめ！

14 おすすめ 1 ささみのオイル漬け

具だくさんサンドイッチ 15
温野菜とささみのハニーマスタードサラダ 16
ささみとせん切り野菜のサラダ 16
ささみの生春巻き風 16
ささみともやしのザーサイあえ 17
ささみとズッキーニのねぎ塩あえ 17
ささみの梅のり巻き 17

18 おすすめ 2 きのこのヘルシーコンフィ

きのこと豆のオイルマリネ 19
きのことトマトソースのオムレツ 19
ベーコンときのこの和風パスタ 19

20 おすすめ 3 塩鶏

塩鶏のはちみつロースト 21
塩鶏と大根の煮もの 21
塩鶏のポトフ 21

22 おすすめ 4 塩きゅうり

薬味ちらし寿司 23
豚しゃぶと塩きゅうりのごま酢あえ 23
きゅうりとみょうがの梅肉あえ 23

24 おすすめ 5 鶏チャーシュー

味玉のせ鶏チャーシュー丼 25
刻みチャーシューの冷ややっこ 25
焼き鶏チャーシューの辛ねぎ添え 25

26 おすすめ 6 揚げなす

なすの揚げびたし 27
揚げなすのごましょうがあえ 27
マーボーなす風そぼろ炒め 27

Food Prep

28 おすすめ 7 ひすいなす

ひすいなすのナムル 29
ひすいなすと豆腐のえびあんかけ 29
ひすいなすの豆乳ごまだれ 29

30 おすすめ 8 新玉ねぎの甘酢漬け

きゅうりとわかめの酢のもの 31
焼きししゃもの甘酢玉ねぎがけ 31
ベトナム風サンドイッチ 31

32 おすすめ 9 鮭のみりん漬け

鮭のから揚げ 33
鮭ほぐしおにぎり 33
鮭チャウダー 33

34 おすすめ 10 やわらかしぐれ煮

肉豆腐 35
やわらか豚丼 35
肉うどん 35

36 おすすめ 11 あさりのしょうゆ煮

和風ボンゴレスパゲティ 37
あさりと青菜のおひたし 37
あさりの土鍋ご飯 37

38 おすすめ 12 油揚げの甘辛煮

お揚げの卵とじ丼 39
ミニいなり 39
焼きねぎ入りきつねそば 39


和洋中いろいろ☆

## 毎日作りたくなる素材別の簡単おかず


42 鶏肉のおかず

ミニサイズのチキン南蛮 42
手羽中ときのこのピリ辛炒め 43
ささみのポテトころも焼き 44
鶏肉と夏野菜の蒸し煮 44
鶏胸肉のアスパラロール 44
手羽先と里いものみそバター煮 44
ささみのミニ春巻き 45
鶏のから揚げ フレッシュサルサソース 45
鶏胸肉のねぎみそ炒め 45
照り焼きチキン 45

46 豚肉のおかず

焼きしゃぶ 46
豚肉となすの青じそみそ炒め 47
ポークソテー マスタードソースがけ 48
豚ごぼうのトマト煮 48
オクラの豚肉巻き 48
豚肉のみょうが炒め 48
豚肉とほうれん草の豆乳しゃぶしゃぶ 49
マーマレードしょうが焼き 49
豚肉のみぞれ蒸し たっぷりにらだれ 49
豚肉とれんこんのから揚げ 49

50 ひき肉のおかず

ミートボールトマト煮込み 50
オクラキーマカレー 51
枝豆つくね 51
根菜とひじきの豆腐ハンバーグ 51
白菜の和風ロール蒸し 52
なすとひき肉の重ね焼き 52
肉だんごの甘酢あん 52
ジューシー！ 焼き餃子 53
とうもろこしのピリ辛そぼろ炒め 53
根菜とひき肉の春雨炒め 53

54 鮭のおかず

鮭のムニエル たっぷりきのこのクリームソース 54
鮭とたっぷりキャベツのみそバター炒め 55
鮭の青じそ照り焼き 55
鮭と長ねぎの甘酢炒め 55

56 **さんま・いわしのおかず**

さんまの焼きびたし 56
さんまときのこのゆずこしょう炒め 56
いわしのハーブパン粉焼き 57
いわしのかば焼き 57

58 **白身魚のおかず**

たらとじゃがいものスープ煮 58
白身魚のカルトッチョ 59
すずきの甘酢あん 59
たらとチンゲン菜の塩炒め 59

60 **さわら・ぶりのおかず**

さわらのマスタードソテー 60
さわらのムニエル カリカリパン粉がけ 60
ぶりのガーリックバターしょうゆソテー 61
ぶりカツ 61

62 **えび・かき・かにのおかず**

えびのレモンしょうゆ炒め 62
えびのれんこんはさみ焼き 63
かにクリームコロッケ 63
かきと白菜のあっさりシチュー 63

64 **定番野菜のおかず**

じゃがいも
豚肉とじゃがいものキムチ炒め 64
ポテトとブロッコリーのガーリック炒め 65
じゃがバタコーン 65
粉ふきいもの青じそオイルソースがけ 65

にんじん
にんじんフライ 66
焼きにんじん 67
にんじんのグラッセ 67
にんじんのツナおかかあえ 67

玉ねぎ
玉ねぎのカレーピカタ 68
豚肉と玉ねぎのから揚げ 69
新玉ねぎの丸ごと焼き 69
玉ねぎのベーコン巻き 69

70 **根菜のおかず**

豚肉とれんこんのごまみそ炒め 70
ごぼうののり塩きんぴら 71
大根ステーキ 71
新ごぼうのくるみ揚げ 71

72 **葉もののおかず**

かきとほうれん草のバターソテー 72
白菜の塩ごましらすあえ 73
おかかキャベツの焼きいなり 73
春菊の揚げしらすのせ 73

74 **ホクホク野菜のおかず**

フライドパンプキン 74
ホクホクおいもスティック 75
里いもの明太バターあえ 75
さつまいものミルク煮 75

76 **夏野菜のおかず**

焼きピーマンのおかかしょうゆ 76
夏野菜ソースのカルパッチョ 77
ラタトゥイユ 78
ズッキーニのマヨチーズフライ 78
アスパラのホイル焼き 温玉ソース 78
ズッキーニと長ねぎの焼きびたし 78
焼き野菜の青じそオイルソースがけ 79
きゅうりのえのきあえ 79
トマトのチーズソテー 79
ししとうの青じそみそ天 79

80 **豆腐のおかず**

豆腐とあさりのキムチ煮 80
しっとりうの花 81
ひじきと厚揚げの煮もの 81
凍り豆腐の揚げだし 81

82 **卵のおかず**

帆立のごちそう茶碗蒸し 82
じゃがいもとベーコンのオムレツ 83
レタスとしらすのふんわり卵炒め 83
たけのことひき肉の卵とじ 83

84 見た目もきれいで食卓が華やぐ

# デリ風サラダ&ごちそうスープ

## デリ風サラダ

じゃがいもとサーモンのヨーグルトドレッシングサラダ 85
春色お豆のポテトサラダ 86
スイートパンプキンのクリームチーズサラダ 86
かにとレタスのマヨサラダ 86
にんじんのマスタードサラダ 87
焼き野菜とペンネのマリネサラダ 87
ミモザサラダ 87
スライストマトの中華サラダ 88
春雨サラダ 88
アボカド豆腐サラダ 88
ごぼうとひじきの明太マヨサラダ 89
大根のガーリックしょうゆサラダ 89
白菜とりんごの帆立サラダ 89

## ごちそうスープ

ごぼうのポタージュ 90
ぽかぽか! みそけんちん汁 91
完熟トマトのミネストローネ 91
たらとあさりのジンジャー豆乳スープ 91

92 おかずなしでも大満足

# 具だくさんご飯&カフェ風パスタ

## 具だくさんご飯

さんまの土鍋ご飯 93
たこ焼きチャーハン 93
ソーセージカレーピラフ 94
トマトピラフ 94
ねぎ塩豚のっけご飯 95
豚肉と小松菜のあんかけご飯 95
あじの梅蒸しご飯 96
ツナときのこのみそ炊き込みご飯 96
豚ごぼうとひじきの五目炊き込みご飯 97
鶏とれんこんの混ぜご飯 97

## カフェ風パスタ

刻みブロッコリーとひき肉のパスタ 98
トマトピューレのナポリタン 98
カリフラワーとベーコンのクリームパスタ 99
かぶおろしとツナの冷製パスタ 99

Salad & Soup
Rice & Pasta

作っておくと便利!

## 簡単漬けものとご飯のとも 100

簡単漬けもの 大根の昆布漬け/切干大根のハリハリ漬け風/白菜のゆず漬け/ピリ辛きゅうり漬け/青じそのヤンニョムジャン漬け/山形風だし漬け/にんじんのしょうゆ漬け/なすの浅漬けの梅あえ
ご飯のとも にんじんたらこふりかけ/えびそぼろ/卵黄のしょうゆ漬け/梅干しのめんつゆ漬け/黒のふりかけ/小魚ふりかけ/塩そぼろ/青じそみそ

アレンジいろいろ

## 使える! たれとドレッシング 104

にらだれ/ねぎ塩だれ/豆乳ごまドレッシング/チーズドレッシング/ピリ辛マヨソース/トマトピューレ/にんじんドレッシング/青じそオイルソース/ハニーマスタードソース/自家製甜麺醤/にんにくねぎオイル/フレッシュサルサソース/ジンジャードレッシング/甘酢玉ねぎソース/ヨーグルトドレッシング/照り焼きのたれ/中華ドレッシング/和風ドレッシング

ドリンクや料理にも使える!

## 体ぽかぽか! しょうがシロップのすすめ 108

## 素材別インデックス 110

**この本の見方**

○計量は1カップ=200mℓ、大さじ1=15mℓ、小さじ1=5mℓです。
○オーブントースターは1000W、電子レンジは600Wのものを使用しています。500Wのレンジの場合は加熱時間を1.2倍にするなど、お手持ちの機器に合わせて調整してください。コンロはIHのものを使用しています。
○特に指定のない場合、火加減は中火です。

1

## 買い物と食材整理のこと

# 買い物は週２回。食材は仕分けしてすぐに使えるように準備します

### 面倒と思ってしまうと続かないから、やるのは、ごく簡単な作業だけ！

食品トレーを
そのまま使います！

ラベルをつけて
使いやすく！

スーパーとネット宅配、それぞれ１回ずつの買い物で、１週間分の食材を調達します。すぐ使わない肉や魚は冷凍して鮮度をキープ。その日に使う素材も早めに下ごしらえしておけば、調理時間も短縮できます。

### スーパーにない食材はネット宅配を利用。便利な食材は積極的に使ってみます

ネット宅配は割高という声もありますが、使い方次第。めずらしい野菜、下ごしらえ済みの魚など、近所のスーパーではちょっと見つからないものもあるので、なかなか役立ちます。特に下ごしらえ済みのものは、忙しいときのストック用にすると、とても便利！

三枚おろしのストックは
便利です

## 冷蔵庫やストックは取り出しやすく、使いやすく。おおざっぱな分類で収納してます

食材が目に見えないと、あることをすっかり忘れてしまう私。引き出しなら立てる、棚なら段ごとに分類するといった簡単な工夫で、全体が見渡せるようにしまっています。使っている収納グッズは、ほとんど100均かご。大きな空間を仕切るのに役立ちます！

### 冷蔵室は段ごとにアイテムをざっくり分けて

最上段は飲みもの、2段目はたれや長期保存もの、3段目はストック、4段目は製菓材料やすぐに使うものと、定位置を決めてます。

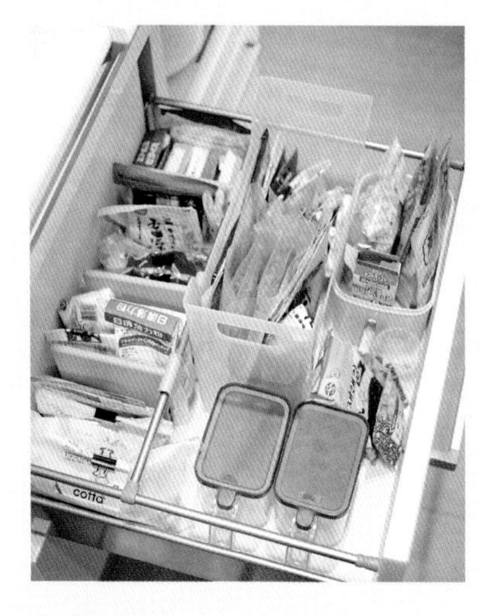

### ストック食品はひと目でわかるように

食器棚の下段の引き出しは、塩、砂糖などの調味料と粉ものや乾物のストック。上までぎっしり詰め込まないように、余裕を持たせて。

### 野菜は100均かごで大きく仕分け

下段は100均かごを入れて左から葉もの、実もの、根菜、使いかけと、種類や用途で分類。長いものは横に寝かせています。

### 冷凍ものは立てて、見やすく収納

肉や魚を冷凍するときは、トレーからはずし、ついていたラップで包みます。品名や重さ、日付が入っているので管理しやすい！

2 調理と道具のこと

# スムーズに、そして
# もちろんおいしく作るために
# 自分なりのこだわりポイントがあります

## やるのとやらないのでは、味が全然違う！だから下ごしらえはきちんとやります

私の母はいつも「下味をしっかりね」と言っていたのですが、本当にそのとおり。シンプルで簡単な料理ほど、下ごしらえで差が出ます。だから、急いでいても、疲れていても、火にかける前の準備はていねいに作業します。それが、おいしさの秘訣！

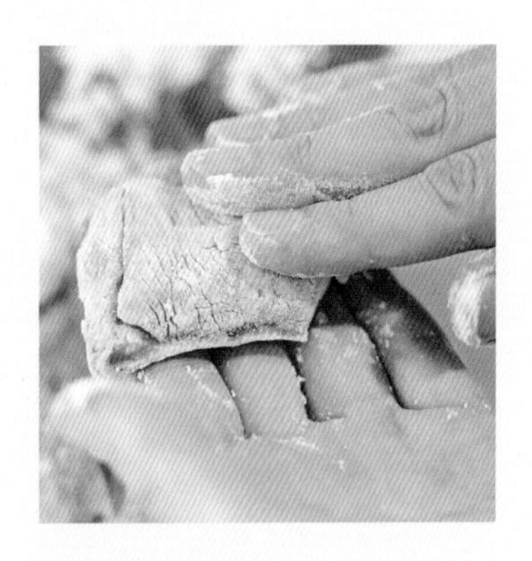

### 下味や粉はしっかりつける

下味は素材全体にまんべんなくつくようにし、ころもや粉もしっかりていねいに。味がきちんと決まりますよ。

### 野菜の水けはきちんと拭く

料理が水っぽくならないように、洗ったらキッチンペーパーで水けを拭きます。サンドイッチやサラダは必須！

COLUMN

### バターや香味野菜は切っておくと便利

急いでいるときの切りものは手間。バターは5gずつ角切りに、パセリはみじん切り、万能ねぎは小口切りにしておくだけでも時間短縮になります。

## 洗いものは減らしたい主義
## だから道具は使い勝手のいいものを
## とことん使いまわします

基本的に、なんでも“あるもの”で済ませるタイプです。調理道具もそう。いいなと思っても、アレで代用できるし…なんて思ってなかなか買えません。とはいえ、数は少なくても効率よくまわしていけば、洗いものが減るといううれしい効果も。これが大きいかも。

### 鍋やフライパンは小さめをフル活用

20cmのフライパン、14cmの片手鍋、15cmの揚げ鍋がいちばんよく使う道具。どれも小さめですが洗いやすく、品数多く作るのも苦になりません。

### ざるやボウルも必要最小限

13cmと8cmの耐熱ボウルに、ざるは16cmの手つき。ほかにも持っていましたが、コンパクトなこの組み合わせがいちばん使い勝手がいいようです。

### ちっちゃなツールが使いやすい

炒め用、混ぜ用の木ベラやゴムベラ、たれを混ぜるミニ泡立て。みんな小さめです。ミニサイズだと扱いやすくて出し入れもラクなんですよ。

### ミニ容器はたれ作りなどに

離乳食のときに活躍した小さい保存容器が、今はボウル代わり。ふたつきなので、たれやドレッシングを作ってそのまま保存もできるというわけです。

**COLUMN** 本来の使い方じゃないけど、意外に便利です

揚げもの用のバットは使いません。代わりは、コンロの下の魚焼きグリル。網の下に、ペーパータオルを敷くだけで油きりバット代わりになります。

調理台の後ろにあるオーブンレンジとオーブントースター。使っていないときは「水屋」に早変わり。ここならラップもいらないし、温め直しも早いんです。

3 盛りつけと器のこと

# 料理を<br>おいしく見せることも大切。<br>盛りつけは<br>本なども参考に<br>研究します

## 食器はそう多くはありません。<br>小さめの器を使いまわします

どんな料理にも合う白い食器が基本です。小さいおかずをたくさん並べることが多いので、小ぶりの食器をよく使うのですが、にぎやかに見えるし、盛りつけも変化をつけやすいし、値段も手ごろ！　おすすめです。

### 小さな器は<br>たれ、ドレッシング用

たれ、ドレッシングは、１回の食事で使いきれる量しか作らないので、小さめで十分。見た目もかわいくて、あるだけで食卓がおしゃれに見えます。

### グラスやカップも<br>器代わりに

ミニサイズのグラスは、あえものからスープ、デザートまで、意外に幅広い使い道があります。数字のマグカップは、誕生日のプレート盛りにも活躍！

### 木の温もりが<br>好き

木の食器やカトラリーは洋食にも、和食にも合うんですよね。表面がコーティングされているものなら、油も染みません。

## 盛りつけはトッピングで彩りよく。器使いも考えるのが楽しい！

私なりのポイントは…器と食材の色が重ならないようにする。炒めものは中心が高い天盛りに、それ以外は手前を低く、奥を高く。彩りが足りないときはトッピングで。器も重ねたり、斜めに並べたりして変化をつけます。

レンゲを
小皿代わりに

小さな緑が
アクセント！

ソースを敷くだけで
おしゃれ

木皿は
プレート代わりにも

万能ねぎは
欠かせません

スプラウトや
青じそも重宝

ピンクペッパーが
かわいい

葉ものは
必ずストック！

糸唐辛子を添えて
お店っぽく

白いりごまを
パラッと

粗びき黒こしょうを
ふって

器のダブル使いが
カフェ風

少しの工夫でたくさんラクする

# ハーフ作りおきと常備菜12のおすすめ！

もう長いこと、ストック作りが習慣です。
といっても、常備菜は少なく、ほとんどが下ごしらえ半分まで。
理由は、全部作るのが面倒だから。
実際、時間がかかる下ごしらえまで済んでいれば、
そのあとの調理はとってもラク！　いろいろな料理にアレンジしやすいし、
残りもの感がないから家族から文句は言われません。
一度作ったら、ラクチンさが実感できます。

# Food Prep


14 ささみのオイル漬け

18 きのこのヘルシーコンフィ

20 塩鶏

22 塩きゅうり

24 鶏チャーシュー

26 揚げなす

28 ひすいなす

30 新玉ねぎの甘酢漬け

32 鮭のみりん漬け

34 やわらかしぐれ煮

36 あさりのしょうゆ煮

38 油揚げの甘辛煮

おすすめ

# 1 ささみのオイル漬け

## さっぱりしているので、パンやあえものなど、使い勝手よし！

コンソメスープとオイルでサッと煮たら、あとはほったらかし。余熱で漬けながらさますと、しっとりジューシーになります。ツナやハム感覚で使えるからアレンジも簡単。うまみが出た漬け汁も、調味料として使えますよ！

材料（作りやすい分量）

鶏ささみ…3～4本

塩…小さじ1

砂糖…小さじ1/2

A
- 水…1/2カップ
- 顆粒コンソメ…小さじ1/2
- ローリエ…1枚
- サラダ油…1/4カップ

**1**　ささみは塩、砂糖を全体にすり込み、10分ほどおいて水けを拭く。

**2**　鍋にささみ、**A**を入れて（ささみが漬け汁から出ていたらサラダ油を足し、必ず隠れている状態にする）火にかけ、沸騰してきたらアクを取り、上下を返しながら火を通す。

**3**　全体が白っぽくなったらふたをして火を止める。そのままさまし、粗熱が取れたら保存容器に移す。

**保存は…**

冷蔵で約5日。

ARRANGE 1

# 具だくさんサンドイッチ

鶏ハムみたいなしっとりした味わい。パンとの相性もバッグンです

材料（2人分）

ささみのオイル漬け（薄切り）…1本
ゆで卵（みじん切り）…1個
A｜マヨネーズ…大さじ1
｜牛乳…小さじ1
｜塩・こしょう…各少々
好みのパン
（半分に切ったサンドイッチ用食パン、スライスしたフォカッチャなど）…6枚
バター…適量
リーフレタス…2枚
きゅうり（薄切り）…1/4本
トマト（輪切り）…1/4個
クリームチーズ…約20ｇ

**1**　ボウルにゆで卵、**A**を混ぜる。リーフレタス、きゅうり、トマトは水けを拭く。
**2**　パンにバターを薄く塗り、リーフレタス、クリームチーズ、きゅうり、トマトを各半量ずつ順にのせて、パン1枚ではさむ。ささみのオイル漬け、**1**の卵サラダを半量ずつのせ、パン1枚ではさむ。残りも同様にして作る。

ARRANGE 2

## 温野菜とささみのハニーマスタードサラダ

パンやベーグルにはさんで食べてもおいしい

材料（2人分）
**ささみのオイル漬け**（厚めにスライス）…2本
ブロッコリー（小房に分ける）…1/4株
オクラ…2本
かぼちゃ（5㎜厚さに切る）…約50g
さつまいも（皮ごと5㎜厚さの半月切り）…約50g
ハニーマスタードソース（作り方P106）…全量

**1**　ブロッコリー、オクラは塩ゆでし、オクラはヘタを切り、縦半分に切る。
**2**　耐熱容器にかぼちゃ、さつまいもを入れ、水大さじ1（分量外）をふってラップをかける。電子レンジで2～3分加熱する。
**3**　器に野菜を盛り、ささみをのせてハニーマスタードソースをかける。

ARRANGE 3

## ささみとせん切り野菜のサラダ

しょうが風味のドレッシングでさっぱりいただきます

材料（2人分）
**ささみのオイル漬け**（細切り）…2本
セロリ（葉を除き、筋を取ってせん切り）…1本
キャベツ（せん切り）…1/8個
水菜（2～3㎝長さに切る）…1株（約30g）
ジンジャードレッシング（作り方P107）…適量
白いりごま・かつお節…各適量

ボウルにささみ、セロリ、キャベツ、水菜を入れて軽く混ぜ、器に盛る。白いりごま、かつお節をふってドレッシングをかける。

## ささみの生春巻き風

ひと口サイズで見た目もかわいい。おつまみにもおすすめ！

材料（4本分）
**ささみのオイル漬け**（せん切り）…2本
春雨…15g
春巻きの皮…4枚
きゅうり（せん切り）…1本
にんじん（せん切り）…1/2本
自家製甜麺醤（作り方P106）…適量

**1**　春雨は湯でもどして水けをよくきる。
**2**　春巻きの皮に甜麺醤を塗り、ささみ、春雨、きゅうり、にんじんを等分にのせて巻く。
**3**　半分に切って器に盛り、好みでピーラーでむいたきゅうりや紫玉ねぎの甘酢漬け（作り方P30）などを添えても。

ARRANGE 5

## ささみともやしのザーサイあえ

淡泊なささみだからサラダ感覚でどうぞ

材料（2人分）
**ささみのオイル漬け**（細切り）…1本
もやし…1/2袋
三つ葉（3㎝長さに切る）…1/2束
味つきザーサイ（せん切り）…約20g
めんつゆ（3倍濃縮）…小さじ1

**1**　耐熱容器にもやし、三つ葉を入れてラップをかけ、電子レンジで2分ほど加熱する。取り出してさます。
**2**　ボウルにささみ、**1**、ザーサイを入れ、めんつゆであえる。器に盛り、好みで白いりごまをふる。

ARRANGE 6

## ささみとズッキーニのねぎ塩あえ

うまみたっぷりのねぎ塩だれであえた一品

材料（2人分）
**ささみのオイル漬け**（斜め切り）
…2本
ズッキーニ（棒状に切る）…1/2本
ねぎ塩だれ（作り方P104）…適量
サラダ油…小さじ1

**1**　フライパンにサラダ油を熱し、ズッキーニを焼く。焼き色がついたらボウルに移し、ささみ、ねぎ塩だれを加えてあえる。
**2**　器に盛り、好みで粗びき黒こしょうをふる。

ARRANGE 7

## ささみの梅のり巻き

これがあれば、巻き寿司も簡単！　おもてなしにも

材料（2本分）
**ささみのオイル漬け**（細切り）…2本
ご飯…1合分
**A**｜酢…大さじ2
｜砂糖…大さじ1
｜塩…小さじ1/2
焼きのり…2枚
きゅうり（縦8等分に切る）…1/2本
梅肉・マヨネーズ・かつお節…各適量

**1**　**A**は砂糖が溶けるまでよく混ぜ、ご飯に混ぜて酢飯を作る。
**2**　巻きすにのり1枚を置き、奥3㎝ほどを残して酢飯半量を広げ、手前にささみ、きゅうり各半量をのせる。梅肉、マヨネーズを薄く塗り、かつお節をのせて手前から巻く。残りも同様にして作り、食べやすく切って器に盛る。好みで青じそ、しょうがの甘酢漬けを添えても。

おすすめ

# きのこのヘルシーコンフィ

## パスタソースやあえものなどに使える洋風ストック

秋の定番ストックです。基本的にコンフィはたっぷりの油で作るのですが、油の量を少なめにしているのでさっぱりとした仕上がり。そのまま使うのはもちろん、トマトとレモン汁を加えてマリネにしてもおいしいんです。

材料（作りやすい分量）
きのこ（しめじ、しいたけ、エリンギ、えのきだけなど好みの数種類）…計300g
にんにく（みじん切り）…２片
塩…小さじ1/2
オリーブ油…大さじ４～５

**1**　きのこは石づきを取り、しいたけやエリンギは薄切り、しめじは小房に分け、えのきだけは２～３㎝長さに切る。
**2**　フライパンにオリーブ油、にんにくを入れて弱火にかけ、薄く色づいてきたらきのこを加えて炒める。
**3**　全体に油がまわったらふたをして弱火で５分ほど蒸す。塩を加えて調味し、保存容器に移す。

保存は…
冷蔵で約５日。

ARRANGE 1

## きのこと豆のオイルマリネ

ざっと混ぜて時間をおくだけ。ワインのおつまみにもうってつけ！

材料（2人分）
きのこのヘルシーコンフィ…50ｇ
ミックスビーンズ缶…小1缶（80ｇ）
パセリ（みじん切り）…適量

すべての材料を混ぜ、保存容器に移して冷蔵庫で半日おく。

ARRANGE 2

## きのことトマトソースのオムレツ

これがあるだけで、豪華なソースが作れます

材料（1人分）
きのこのヘルシーコンフィ…50ｇ
卵…2個
A 牛乳…大さじ2
　塩・こしょう…各少々
バター…5ｇ
ミニトマト（ヘタを取りくし形に切る）…4個

1　ボウルに卵を溶きほぐし、Aを加えて混ぜる。
2　フライパンにバターを溶かし、卵液を流し入れる。箸で混ぜて半熟状になったらオムレツの形に整え、器に盛る。
3　2のフライパンにきのこ、ミニトマトを入れて炒め、オムレツにかける。器に盛り、好みで粗びき黒こしょうをふる。

ARRANGE 3

## ベーコンときのこの和風パスタ

パスタとの相性はバツグン！　うまみがたっぷりです

材料（2人分）
きのこのヘルシーコンフィ…100ｇ
スパゲティ…160ｇ
ベーコン（細切り）…3枚
しょうゆ…小さじ1
塩・こしょう・パセリ（みじん切り）・粉チーズ…各適量

1　スパゲティは袋の表示どおりに塩ゆでにする。
2　フライパンにベーコンを入れて火にかけ、焼き色がついてきたらきのこを加えて炒め合わせる。
3　ゆで上がったスパゲティを加え、様子をみながらパスタのゆで汁をおたま1杯ほど加えて混ぜる。しょうゆを加え、味をみて塩、こしょうでととのえる。
4　器に盛り、粉チーズ、パセリをふる。

おすすめ 3

# 塩鶏

**塩豚から
ヒントを得ました。
煮ても焼いても
おいしい！**

下味をもみ込んでひと晩おくだけ。見た目は生そのものですが、肉に熟成感が出て、とてもしっとり、やわらかに。塩のほかに砂糖も加えるのがコツで、味がマイルドになります。

材料（1枚分）
鶏もも肉…大1枚
塩…小さじ1
砂糖…小さじ1/2

鶏肉に塩と砂糖を全体にまぶしてもみ込む。ジッパーつき保存袋に入れ、空気を抜いて閉じ、冷蔵庫に1日以上おく。

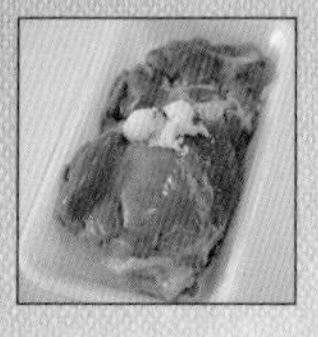

保存は…

冷蔵で約3日。

ARRANGE 1

## 塩鶏のはちみつロースト

蒸し焼きでしっとり仕上げて。はちみつの甘みがやさしい味わい

材料（２人分）
塩鶏…１枚
グリーンアスパラ…４本
はちみつ…小さじ１
サラダ油…小さじ１

**1**　アスパラは根元の皮をピーラーでむき、半分に切る。
**2**　フライパンにサラダ油を熱し、塩鶏の皮目を下にして焼く。片面に焼き色がついたら裏返して弱火にし、まわりにアスパラを置く。ふたをして弱火で８～10分蒸し焼きにする。アスパラを取り出し、はちみつを加えて煮つめる。
**3**　器にアスパラを並べ、食べやすく切り分けた鶏肉をのせる。好みで粗びき黒こしょうをふる。

ARRANGE 2

## 塩鶏と大根の煮もの

塩鶏の塩分だけで煮るので、調味料不要。ラクチンなのにおいしい！

材料（２人分）
塩鶏（大きめのひと口大に切る）
…1/2枚
大根（乱切り）…1/4本
水…１カップ
サラダ油…小さじ２

**1**　フライパンにサラダ油を熱し、塩鶏を焼く。表面に焼き色がついたら大根を加えて炒める。
**2**　全体に油がまわったら水を加えてふたをし、弱火で20～30分煮る。味をみて必要なら塩（分量外）でととのえる。器に盛り、好みでスプラウトを添える。

ARRANGE 3

## 塩鶏のポトフ

弱火でコトコト火にかけるだけ。肉もやわらか、体が温まる一品です

材料（２人分）
塩鶏（半分に切る）…1/2枚
**A**
- キャベツ（縦２等分に切る）…1/8個
- じゃがいも（４等分に切る）…大１個
- 玉ねぎ（皮をむく。縦半分に切っても）…小２個
- にんじん（長めの乱切り）…1/2本
- エリンギ（縦４等分に切る）…１本
- ローリエ…１枚
- 水…２カップ
- 顆粒コンソメ…小さじ１

塩・こしょう…各適量

鍋（あれば厚手）に**A**、塩鶏を入れ、ふたをして火にかける。沸騰したら弱火で40分以上煮込む。塩、こしょうで味をととのえる。

おすすめ 4

# 塩きゅうり

## あえものに重宝。そのまま食べてももちろんおいしい

塩ではなくて塩水で作るのがポイント。シャキッとみずみずしい浅漬けになります。薄く塩味がついているから、すぐ調理に使えてとても便利。丸かじりもおいしいので、きゅうりが安いときは多めに作ってもいいですね。

材料(作りやすい分量)
きゅうり(ヘタを切って半分に切る)
…3～4本
水…1と1/2カップ
塩…小さじ2

ジッパーつき保存袋にすべての材料を入れて混ぜる。空気を抜いて冷蔵庫で保存する(約1日で浅漬け、2日以上おくとしっかりした塩味になる)。

**保存は…**

冷蔵で約5日。

ARRANGE 1

## 薬味ちらし寿司

酢飯に混ぜるだけ。塩きゅうりをスライスすれば塩もみいらずで手軽！

材料（２人分）
塩きゅうり（薄い小口切り）…1/2本
ご飯…１合分
A 酢…大さじ２
　砂糖…大さじ１
　塩…小さじ1/2
みょうが（輪切り）…２本
しらす…20g
しょうがの甘酢漬け（みじん切り）…20g
白いりごま…大さじ１
青じそ（せん切り）…３～４枚

**1** Aは砂糖が溶けるまでよく混ぜ、ご飯と混ぜて酢飯を作る。
**2** 1に水けを絞った塩きゅうり、みょうが、しらす、しょうがの甘酢漬け、白いりごまを加えてざっと混ぜる。
**3** 器に盛り、青じそをのせる。好みでしょうがの甘酢漬けを添える。

ARRANGE 2

## 豚しゃぶと塩きゅうりのごま酢あえ

肉と合わせれば、立派なメインに。ごまたっぷりで香ばしい

材料（２人分）
塩きゅうり（たたいて食べやすい大きさに割る）…２本
豚薄切り肉（しゃぶしゃぶ用）…150g
A 白すりごま・砂糖・酢…各大さじ１
　しょうゆ…小さじ２
みょうが（縦半分に切り斜め薄切り）…２本

**1** 鍋に湯を沸かし、豚肉をゆでる。ざるにあげて水けをきる。
**2** ボウルにAを混ぜ、豚肉、水けをよく拭いたきゅうりを加えてあえる。
**3** 器に盛り、みょうがをのせる。好みで白いりごまをふる。

ARRANGE 3

## きゅうりとみょうがの梅肉あえ

チャチャッと作れるさっぱり味の一品。おつまみにもどうぞ

材料（２人分）
塩きゅうり（たたいて食べやすい大きさに割る）…２本
みょうが（せん切り）…２本
梅干し…1/2～１個
（梅干しときゅうりの塩けで調整する）
かつお節…ひとつまみ

**1** 梅干しは種を取り、たたいてかつお節とあえる。
**2** 1にきゅうり、みょうがを加えてあえる。

おすすめ

# チャーシュー

**レンジで作るから簡単。まとめて作っておくと便利です**

もともとおせち用に作っていたのですが、レンジで作れるのでデイリーにも重宝。少しずつ切って、お昼ごはんの丼やおつまみなどに活用しています。漬け汁が吹きこぼれやすいので、深めの耐熱容器を使ってくださいね。

材料（作りやすい分量）
鶏もも肉…１枚
塩…小さじ1/4
**A**　酒・はちみつ…各大さじ２
　しょうゆ…大さじ３
　みりん…大さじ１
長ねぎの青い部分…１本分
しょうが（薄切り）…１かけ

**1**　鶏肉は皮目にフォークを刺して、数か所穴をあける。厚みを開いて塩をすり込み、皮を外側にして丸める。チャーシュー用ネットに入れるかたこ糸で縛る。
**2**　耐熱容器に**A**を混ぜ、長ねぎ、しょうが、鶏肉を入れる。ころがして全体に調味料をからめ、ラップをして電子レンジで４分加熱する。裏返してさらに３分加熱し、そのままさます。
**3**　粗熱が取れたら漬け汁ごとジッパーつき保存袋に移し、空気を抜いて冷蔵庫にひと晩おく。

**保存は…**
冷蔵で
約３〜４日。

ARRANGE 1

## 味玉のせ鶏チャーシュー丼

うまみの出た漬け汁を調味料代わりに。味つき卵もおいしい

材料（２人分）
鶏チャーシュー（角切り）…50ｇ
卵…２個
万能ねぎ（斜め切り）…５本
A ごま油…小さじ１
　白いりごま…小さじ１
　糸唐辛子（あれば）…適量
ご飯…茶碗２杯分

**1**　小鍋に卵、かぶるくらいの水を入れて火にかけ、沸騰後５分ゆでる。冷水にとり、殻をむいて鶏チャーシューの漬け汁（分量外）にひと晩～１日漬けておく。
**2**　ボウルに万能ねぎ、**A**を入れてあえる。別のボウルにご飯、鶏チャーシュー、漬け汁適量（分量外）を入れてざっと混ぜる。
**3**　器にチャーシューご飯を盛り、半分に切った味つき卵と万能ねぎをのせる。

ARRANGE 2

## 刻みチャーシューの冷ややっこ

角切りチャーシューをのせて食べごたえある一品に

材料（２人分）
鶏チャーシュー（角切り）…４切れ
オクラ…２本
きゅうり（角切り）…1/2本
豆腐（半分に切る）…１丁
A 鶏チャーシューの漬け汁
　　…大さじ１
　しょうゆ…小さじ１
ごま油…小さじ１

**1**　オクラは塩ゆでして角切りにし、鶏チャーシュー、きゅうりとともに混ぜる。
**2**　器に豆腐を盛り、**1**をのせる。好みで白いりごまをふり、糸唐辛子をのせてごま油をかける。混ぜ合わせた**A**をかける。

ARRANGE 3

## 焼き鶏チャーシューの辛ねぎ添え

厚めに切るとボリュームたっぷりのメインおかずに！

材料（２～３人分）
鶏チャーシュー（食べやすく切る）
　…１本
長ねぎ（斜め薄切りにして水にさらす）
　…１本
A 三つ葉（２～３㎝長さに切る）
　　…1/4束
　一味唐辛子…適量
　ごま油…小さじ１
ごま油…小さじ１

**1**　ボウルに水けをきった長ねぎ、**A**を入れてあえる。
**2**　フライパンにごま油を熱し、鶏チャーシューを焼く。焼き色がついたら器に盛り、**1**をのせる。

おすすめ

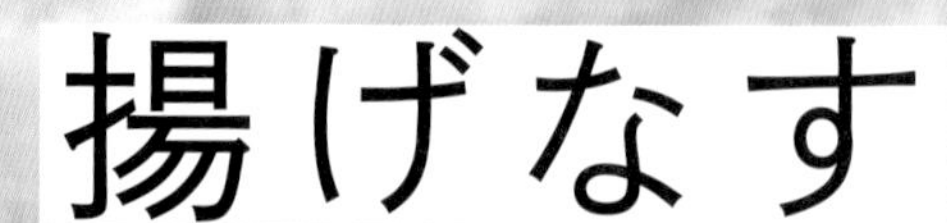

# 揚げなす

**買ってきたら**
**すぐに揚げてしまうと、**
**後がラク！**

ちょこちょこ揚げると、油の始末も手間。だから、切り方を変えて一気にまとめて揚げておきます。大きく切ったものは、揚げびたしやうどんに、小さく切ったものは炒めものやあえものに。アレンジもしやすいですよ。

材料（作りやすい分量）
なす…8本
揚げ油…適量

**1**　なすはヘタを取り、半量は縦半分に切り表面に浅く格子状の切り込みを入れて水にさらす。残りは乱切りにして水にさらす。
**2**　鍋に揚げ油を熱し、水けをきったなすを揚げる（はじめに皮目を下にして入れると色よく揚がる）。

**保存は…**
冷蔵で3日。P27の揚げびたしで保存すると色が保てます。

ARRANGE 1

## なすの揚げびたし

揚げたらすぐに調味液にひたすと、味がよくしみます

材料（２人分）
**揚げなす**（縦半分に切ったもの）
…３本分
A｜だし汁…3/4～１カップ
｜みりん・しょうゆ…各大さじ１
｜砂糖…小さじ１
大根おろし…適量
青じそ（せん切り）…４枚

**1** 鍋にAを入れて火にかけ、沸騰させて保存容器に移す。揚げなすを加えて冷蔵庫で冷やす。
**2** 器に盛り、大根おろし、青じそをのせる。好みの薬味（小口切りにしたみょうがなど）や白いりごまを散らしても。

ARRANGE 2

## 揚げなすのごましょうがあえ

ささっとあえるだけでもう一品。しょうがの香りに食欲をそそられます

材料（２人分）
**揚げなす**（乱切りにしたもの）…２本分
しょうが（すりおろす）…１かけ
白すりごま・しょうゆ…各小さじ１

ボウルにすべての材料を入れてあえる（味をみて足りなければしょうゆ〈分量外〉で味をととのえる）。器に盛り、好みで白いりごまをふる。

ARRANGE 3

## マーボーなす風そぼろ炒め

ひき肉をプラスしてボリューミーに。甜麺醤はP106の自家製を使っても

材料（２人分）
**揚げなす**（乱切りにしたもの）…２本分
にんにく（みじん切り）…１片
しょうが（みじん切り）…１かけ
豚ひき肉…100g
長ねぎ（みじん切り）…1/4本
A｜水…1/2カップ
｜しょうゆ…小さじ１
｜鶏ガラスープの素…小さじ1/2
｜甜麺醤…大さじ１
｜豆板醤…適量
｜酢…小さじ1/2
水溶き片栗粉・ごま油…各適量

**1** フライパンにごま油、にんにく、しょうがを入れて火にかける。香りが出てきたらひき肉、長ねぎを加えて炒める。
**2** 肉の色が変わったら揚げなす、Aを加えて軽く煮込み、水溶き片栗粉を加えてとろみをつける。
**3** 器に盛り、好みで小口切りにした万能ねぎを散らし、粉山椒をふる。

おすすめ 7

# ひすいなす

**レンジで
チンするだけだから
とっても簡単。
あえものなどに使います**

蒸しなすといっても、電子レンジなのであっという間！　かたい皮がないので食べやすく、夏から秋は特によく作ります。たれをかけるだけでも一品料理になるし、冷やしてもおいしい。おすすめです！

材料（作りやすい分量）
なす（ピーラーで皮をむいて水にさらす）
…３～４本

軽く水けをきったなすを耐熱皿にのせ、ラップをかけて電子レンジで約３分加熱する。ラップをはずしてさます。

**保存は…**

冷蔵で２日。

ARRANGE 1

## ひすいなすのナムル

とろ～っとした食感がクセになるおいしさ。おつまみにもおすすめ

材料（２人分）
ひすいなす（細く裂く）…２本
A
鶏ガラスープの素…ひとつまみ
ごま油…小さじ１
塩…小さじ1/4
にんにく（すりおろす）…少々

1　ボウルにAを混ぜ、ひすいなすを加えてあえる。
2　器に盛り、好みで白いりごまをふって、糸唐辛子を飾る。

ARRANGE 2

## ひすいなすと豆腐のえびあんかけ

厚めに切ると食べごたえもバツグン。やさしい味わいの一品です

材料（２人分）
ひすいなす（厚めの輪切り）…２本
A
だし汁…１カップ
みりん…大さじ１
しょうゆ…大さじ1/2
塩…適量
豆腐（食べやすく切る）…1/2丁
えび（背ワタを取り、殻をむいて粗く刻む）…４尾
水溶き片栗粉・万能ねぎ（小口切り）…各適量

1　鍋にAを入れて火にかけ、沸騰したら豆腐、ひすいなす、えびを加えて煮る。えびに火が通ったら水溶き片栗粉でとろみをつける。
2　器に盛り、万能ねぎを散らす。

ARRANGE 3

## ひすいなすの豆乳ごまだれ

濃厚なごまの風味が淡泊ななすとよく合います。おもてなしにも！

材料（２人分）
ひすいなす（厚めの輪切り）…２本
鶏ガラスープの素・湯…各小さじ1/2
A
白練りごま・豆乳…各大さじ１
砂糖…小さじ１
しょうゆ…小さじ1/2
白・黒いりごま…各少々

1　鶏ガラスープの素は湯で溶き、Aを加えてよく混ぜる。
2　器にひすいなすを盛り、1の豆乳ごまだれをかけていりごまをふる。

おすすめ

# 新玉ねぎの甘酢漬け

**肉料理に添えたり、刻んであえたり、便利に使える！**

玉ねぎを生で使うときは、サラダやマリネなど酢を使うことが多いので、甘酢漬けにして常備しています。切って水にさらして～という工程が省けるので、朝ごはんやお弁当作りもラク。普通の玉ねぎで作る場合は、Aの砂糖に大さじ1を足して。

材料（作りやすい分量）
新玉ねぎ…小2個
A　酢…大さじ4
　砂糖…大さじ2
　塩…小さじ1

**1**　新玉ねぎは、芯をつけたまま（バラバラにならないように）縦4等分に切る。
**2**　耐熱容器にAを入れ、電子レンジで砂糖が溶けるまで加熱する。
**3**　保存容器に新玉ねぎを入れて2を注ぎ（ひたひたより少なければ、甘酢の量を足す）冷蔵庫で2～3日おく。

**保存は…**

冷蔵で約1週間～10日。

**バリエーションも！**

紫玉ねぎで作ると色がきれいなので、料理の彩り役としても重宝します。甘酢の配合は、Aの砂糖に大さじ1を足して。

ARRANGE 1

## きゅうりとわかめの酢のもの

甘酢漬けがあれば、酢のものがすぐできます。あと一品というときにぜひ

材料（2人分）
**新玉ねぎの甘酢漬け**（薄切り）
…1/4個
きゅうり（薄い小口切り）…1本
わかめ（食べやすい大きさに切る）
…50g
甘酢（新玉ねぎの漬け汁）…大さじ2
しょうゆ…小さじ2

**1**　きゅうりは塩（分量外）でもんで水けを絞る（代わりにP22の塩きゅうりを使ってもよい）。
**2**　ボウルにすべての材料を混ぜ、1時間ほどおく。
**3**　器に盛り、好みで白いりごまをふる。

ARRANGE 2

## 焼きししゃもの甘酢玉ねぎがけ

さっぱりした甘酢味で魚くささもまったく気になりません

材料（2人分）
**新玉ねぎの甘酢漬け**（ざく切り）
…1個
ししゃも…10尾
**A**｜しょうが（すりおろし）…1かけ
｜甘酢（新玉ねぎの漬け汁）
｜…大さじ2
｜めんつゆ（3倍濃縮）…大さじ1
万能ねぎ（小口切り）…適量

**1**　ししゃもは魚焼きグリルでこんがり焼く。新玉ねぎは**A**と混ぜ合わせる。
**2**　器にししゃもを並べ、**1**の玉ねぎだれをかけて万能ねぎを散らす。

ARRANGE 3

## ベトナム風サンドイッチ

野菜たっぷり、甘酢のやさしい酸味と甘辛味の肉がよく合う！

材料（2人分）
**新玉ねぎの甘酢漬け**（薄切り）
…1/4個
大根（せん切り）…3㎝（100g）
にんじん（せん切り）…1/3本
甘酢（新玉ねぎの漬け汁）…大さじ3
豚薄切り肉…150g
バター…5g
**A**｜みりん…小さじ1
｜しょうゆ…小さじ2
ピタパン（半分に切る）…2個
リーフレタス…適量

**1**　大根、にんじんは塩少々（分量外）をふり、もみ込む。
**2**　ボウルに水けをきった**1**、新玉ねぎ、甘酢を入れてあえ、しばらくおく。
**3**　フライパンにバターを溶かし、豚肉を炒める。色が変わったら**A**を加えて調味する。
**4**　ピタパンを半分に切り、リーフレタス、**2**、**3**を等分に詰める。好みで粗びき黒こしょうをふり、ピンクペッパーを散らす。あればスイートチリソースをつけても。

おすすめ 

# 鮭のみりん漬け

## 調味液に
## つけておくだけ。
## 焼いてほぐして
## フレークにしても

以前はみそ漬けに凝っていたんですが、最近はまっているのがみりん漬け。おかず、ご飯、汁ものとアレンジが幅広くて使いやすい！たらやさんまでも作れます。味の加減は、漬け込み時間で調節してくださいね。

材料（作りやすい分量）
生鮭…3切れ
塩…小さじ1/2
みりん…大さじ3
しょうゆ…大さじ1

鮭に塩をふり、10分ほどおく。水けを拭いてジッパーつき保存袋に入れ、みりん、しょうゆを加える。空気を抜いて密閉し、冷蔵庫で1日おく。

保存は…

冷蔵で3日。焼いてほぐしてから保存するときは5日を目安に。

ARRANGE 1

## 鮭のから揚げ

焼き魚がおなじみだけど、から揚げも新鮮！　お弁当にもおすすめ

材料（２人分）
**鮭のみりん漬け**（４等分に切る）
…２切れ
ししとう（竹串で穴をあける）…４本
片栗粉・揚げ油…各適量

鍋に揚げ油を170℃に熱し、片栗粉をたっぷりまぶした鮭、ししとうを揚げる。

ARRANGE 2

## 鮭ほぐしおにぎり

ほぐしてから保存してもOK。おにぎりやお茶漬けにすぐ使えます

材料（２個分）
**鮭のみりん漬け**…1/2切れ
ご飯…適量
焼きのり（縦半分に切る）…全形１枚

**1**　鮭は魚焼きグリルで焼いてほぐし、ご飯に混ぜる（飾り用に少し取っておく）。
**2**　**1**のご飯を三角ににぎり、焼きのりを巻く。ほぐした鮭を飾りに少しのせ、好みで白いりごまをふる。

ARRANGE 3

## 鮭チャウダー

魚介のチャウダーもみりん漬けがあれば、すぐ！　寒い季節に最高です

材料（２人分）
**鮭のみりん漬け**…１切れ
バター…５ g
玉ねぎ（角切り）…1/4個
にんじん（角切り）…1/4本
じゃがいも（角切り）…小１個
エリンギ（角切り）…１本
小麦粉…大さじ１と1/2
水…3/4カップ
**A**　顆粒コンソメ…小さじ１
　牛乳…1/2カップ
　生クリーム…1/4カップ
塩・こしょう・クルトン・
パセリ（みじん切り）…各適量

**1**　鮭は魚焼きグリルで焼いてほぐす。フライパンにバターを溶かし、すべての野菜を炒める。
**2**　じゃがいもが透き通ってきたら小麦粉をふり入れ、粉っぽさがなくなるまで炒める。水を少しずつ注ぎ、その都度よく炒める。ふたをして、ときどき混ぜながら弱火で５分ほど煮る。
**3**　鮭、**A**を加えて温め、塩、こしょうで味をととのえる。器に盛り、パセリ、クルトンをふる。

おすすめ

# やわらか しぐれ煮

**余熱で味をつけるから
ほったらかしでＯＫ。
軽めの味でアレンジもラク**

いつもの豚薄切り肉で、10分で作れるラクチン常備菜。さっと煮て火を止め、そのままさますと、肉がかたくならず、味もしっかりしみ込みます。時間がたって味が濃くなったら、煮汁に水を足して調整してくださいね。

材料（作りやすい分量）
豚薄切り肉（しゃぶしゃぶ用・ひと口大に切る）…200ｇ
しょうが（せん切り）…１かけ
**A** 酒・みりん・しょうゆ…各大さじ２
砂糖…小さじ１
水…大さじ１～２

**1**　フライパンにしょうが、**A**を入れて火にかけ、１分ほど煮る。
**2**　豚肉を広げて入れ、両面にさっと火を通す。肉の色が変わったら火を止めてふたをし、そのままさます。

**保存は…**
冷蔵で約４～５日。

ARRANGE 1

# 肉豆腐

時間のかかる肉豆腐も、味のしみたしぐれ煮があればラクチン！

材料（2人分）
やわらかしぐれ煮…100ｇ
豆腐（8等分に切る）…1/2丁
万能ねぎ（3～4㎝長さに切る）…6本
A 酒・みりん…各大さじ2
砂糖…小さじ1
しょうゆ…大さじ1
だし汁…1/2カップ

**1** 鍋にA、豆腐を入れて火にかけ、温まったらしぐれ煮を加えて軽く煮る。
**2** 器に盛り、万能ねぎを添える。好みで粉山椒をふる。

ARRANGE 2

# やわらか豚丼

おなかぺこぺこのときにはこれ！　味つけいらずですぐ作れます

材料（1人分）
やわらかしぐれ煮…100ｇ
玉ねぎ（薄切り）…1/4個
しぐれ煮の煮汁…適量
ご飯…適量
万能ねぎ（小口切り）…適量
サラダ油…小さじ1

**1** フライパンにサラダ油を熱し、玉ねぎを炒める。しんなりとしてきたらしぐれ煮、しぐれ煮の煮汁を加えて温める。
**2** 器にご飯を盛り、**1**をのせる。万能ねぎを散らし、好みでしょうがの甘酢漬けを添える。

3

# 肉うどん

がっつりボリュームのあるメニュー。さっと食べられてお腹にたまる！

材料（2人分）
やわらかしぐれ煮…100ｇ
A だし汁…2カップ
みりん…大さじ2
しょうゆ…大さじ1
塩…適量
長ねぎ（斜め薄切り）…1/2本
ゆでうどん…2玉

**1** 鍋にAを入れて火にかけ、長ねぎを入れて軽く煮る。しぐれ煮は電子レンジで温める。
**2** うどんは袋の表示どおりにゆでる。
**3** 器にうどんを盛り、**1**のうどんつゆを注いでしぐれ煮、長ねぎをのせる。

おすすめ 11

# あさりのしょうゆ煮

**うまみのしみ出た煮汁も使えるので、汁ごと保存しましょう**

最初はしぐれ煮風に、と思ったのですが、あさりの身をはずすのは面倒。結局殻つきのままで薄いしょうゆ味にしたら、かえってアレンジしやすい！ うまみたっぷりの煮汁も味つけに役立ちます。

材料（作りやすい分量）
あさり（砂抜きして洗う）…400ｇ
水…１カップ
酒…1/2カップ
みりん…大さじ１と1/2
しょうゆ…大さじ１

**1**　鍋にすべての材料を入れて火にかけ、沸騰したらアクを取り、弱めの中火で煮る。
**2**　あさりの口が開いたら火を止めてふたをし、そのままさます（煮汁ごと保存する）。

**保存は…**
冷蔵で約５日。

ARRANGE 1

## 和風ボンゴレスパゲティ

しその香りがふわっ。これひと皿でごちそう気分満点です

材料（2人分）
あさりのしょうゆ煮…200g
スパゲティ…160g
にんにく（薄切り）…1片
赤唐辛子（半分に切って種を取る）
…1本
しょうゆ煮の煮汁
…1/2〜3/4カップ
塩…適量
青じそオイルソース（作り方P106）
…大さじ1〜2
オリーブ油 小さじ1

**1** スパゲティは袋の表示どおりに塩ゆでする。
**2** フライパンにオリーブ油、にんにく、赤唐辛子を入れて火にかける。にんにくが色づいてきたら、あさり、しょうゆ煮の煮汁を加え、沸騰してきたらゆで上がったスパゲティ、青じそオイルソースを加えて全体にからめる。味をみて塩でととのえる。

ARRANGE 2

## あさりと青菜のおひたし

さっとあえるだけで作れるスピードおかず。お酒のおつまみにも

材料（2人分）
あさりのしょうゆ煮…100g
小松菜…1/2袋
A しょうゆ煮の煮汁…大さじ4
めんつゆ（3倍濃縮）…小さじ1

**1** 小松菜は塩ゆでして冷水にとり、3cm長さに切って水けを絞る。あさりは殻から身をはずす。
**2** ボウルにAを混ぜ、小松菜、あさりを加えてあえる。

ARRANGE 3

## あさりの土鍋ご飯

煮汁で炊くご飯もうまみたっぷり。たまらないおいしさです

材料（2合分）
あさりのしょうゆ煮…400g
米…2合
A 塩…小さじ1/4
しょうゆ煮の煮汁
…水を足して360㎖
しょうが（せん切り）…1かけ
万能ねぎ（小口切り）…適量

**1** 米は洗って30分ほど浸水させ、ざるにあげて水けをきる。あさりは殻から身をはずす。
**2** 土鍋に米、Aを入れてひと混ぜし、しょうがをのせる。ふたをして火にかけ、沸騰したら弱火で12〜13分炊く。30秒ほど強火にして火を止め、あさりをのせて10分蒸らす。ふたを取り、万能ねぎを散らす。

おすすめ 12

# 油揚げの甘辛煮

**地味な見かけですが、まとめて煮ておけば、いざというときに大助かり！**

そばやうどん、おいなりさんなどに活躍するので、年末には欠かせません。でも、普段の日も使いやすいので、ストックしておくと便利なんですよ。少し甘めの懐かしい味がたまりません。

材料（作りやすい分量）
油揚げ…5枚（半分に切る）
A 水…1カップ
砂糖…大さじ2～3
しょうゆ・みりん…各大さじ3

**1** 油揚げは口を開いて熱湯をかけ、水けをよく絞る。
**2** 鍋にAを入れて火にかけ、沸騰したら油揚げを加えて弱火で5分ほど煮る。

**保存は…**
冷蔵で約3日。

ARRANGE 1

## お揚げの卵とじ丼

これはおいしい！　じゅわっと味がしみたお揚げがたまりません

材料（2人分）
**油揚げの甘辛煮**（6等分に切る）
…1枚分
**A** | だし汁…1/2カップ
　| みりん・しょうゆ…各小さじ1
卵（溶きほぐす）…3個
長ねぎ（斜め薄切り）…1/2本
ご飯…茶碗2杯分
三つ葉（ざく切り）…少々

**1**　鍋に**A**を入れて火にかけ、沸騰したら長ねぎ、油揚げを加えて煮る。
**2**　溶き卵を2回に分けて加え、周囲が固まってきたらふたをして火を止め、30秒～1分蒸らす。
**3**　器にご飯を盛り、**2**をのせて三つ葉を添える。好みで七味唐辛子をふる。

ARRANGE 2

## ミニいなり

お祝い、お正月など、イベントのときに。食べやすい大きさがミソ！

材料（10～12個分）
**油揚げの甘辛煮**（半分に切る）
…2.5～3枚分
ご飯…1合分（約330g）
しょうがの甘酢漬け…20g
白いりごま…小さじ2
塩…小さじ1/3

**1**　炊きたてのご飯に細かく刻んだしょうがの甘酢漬け、白いりごま、塩を加えて混ぜる。
**2**　油揚げの汁けを軽く絞り、**1**の酢飯を詰める。
**3**　器に盛り、好みでしょうがの甘酢漬けを添える。

ARRANGE 3

## 焼きねぎ入りきつねそば

わが家の年越しそばはこれ。ねぎのダブル使いで風味アップ。

材料（2人分）
**油揚げの甘辛煮**…1枚分
長ねぎ…1本
**A** | だし汁…2カップ
　| みりん…大さじ2
　| しょうゆ…大さじ1
　| 塩…適量
ゆでそば…2玉
サラダ油…小さじ1

**1**　長ねぎは3㎝長さのぶつ切り4本、残りを小口切りにする。
**2**　フライパンにサラダ油を熱し、ぶつ切りの長ねぎを焦げ目がつくまで焼く。
**3**　鍋に**A**を入れて火にかけ、沸騰したら油揚げ、**2**を加えて軽く煮る。そばは袋の表示どおりに温める。
**4**　器にそばを盛り、**3**のつゆをかけて油揚げ、長ねぎをのせる。好みで七味唐辛子をふる。

和洋中いろいろ

# 毎日作りたくなる素材別の簡単おかず

Daily

ここからは、わが家で人気のおかずをご紹介します。
レシピには「じっくり焼く」とか「弱火でゆっくり煮る」というものも
多いのですが、基本的にほったらかしなので、まったく手間はかかりません。
どの料理にも「ここだけは！」というポイントがありますので、
作り方と一緒に下のメモも読んでみてくださいね。
そこさえ押さえたら、あとは意外と適当でも大丈夫！

42 鶏肉のおかず

46 豚肉のおかず

50 ひき肉のおかず

54 鮭のおかず

56 さんま・いわしのおかず

58 白身魚のおかず

60 さわら・ぶりのおかず

62 えび・かき・かにのおかず

64 定番野菜のおかず

70 根菜のおかず

72 葉もののおかず

74 ホクホク野菜のおかず

76 夏野菜のおかず

80 豆腐のおかず

82 卵のおかず

家族に喜ばれる

# 鶏肉のおかず

わが家でいちばん出番の多い鶏肉。食べやすさに加え、部位の種類が多いので、炒める、揚げる、蒸す、煮るなどいろいろなバリエーションが楽しめます。

## ミニサイズのチキン南蛮

材料（2人分）
鶏胸肉…1枚
A 塩…少々
　酒…大さじ2
溶き卵…大さじ1
B 砂糖…大さじ4
　酢・しょうゆ…各大さじ2
　水…大さじ1
揚げ油・片栗粉…各適量

**1**　鶏胸肉は2～3㎝幅の棒状に切り（大きければ長さ半分に切る）、**A**をもみ込んで10分ほどおく。水けを拭き取って溶き卵をからめ、片栗粉をたっぷりまぶす。**B**は混ぜ合わせておく。

**2**　フライパンに揚げ油を高さ1～2㎝ほど注いで熱し、**1**の鶏肉を揚げ焼きにする。カリッと揚がったらすぐに**B**に漬ける。

**3**　器に盛り、好みの野菜を添えてらっきょうタルタルソースをかける。

＊　片栗粉は粉っぽさが残るくらい、しっかりまぶしてください。タルタルソースはゆるめがいいので、かたい場合はらっきょうの漬け汁で調整を。

### らっきょうタルタルソース

材料（作りやすい分量）
らっきょうの甘酢漬け（みじん切り）…2～3個
らっきょうの漬け汁…小さじ1
ゆで卵（みじん切り）…1個
マヨネーズ…大さじ2
パセリ（みじん切り）…適量

ボウルにすべての材料を混ぜ合わせる。味をみて足りなければ塩少々（分量外）でととのえる。

# 手羽中ときのこのピリ辛炒め

材料（２人分）
鶏手羽中…200ｇ

**A**
しょうゆ…小さじ１
おろししょうが…少々

片栗粉…適量
にんにく（みじん切り）…少々
赤唐辛子（半分に切って種を取る）…1/2本
まいたけ（大きめに裂く）…１パック
エリンギ（かさは薄切り、軸は斜め切り）…１本
さやいんげん（斜め切り）…６本

**B**
みりん・しょうゆ…各大さじ１と1/2
砂糖…小さじ１
水…大さじ１

サラダ油…大さじ１と1/2

**1**　手羽中は骨に沿って浅く切り込みを入れ、**A**をもみ込んで15分ほどおく。汁けを軽く拭き、薄く片栗粉をまぶす。

**2**　フライパンにサラダ油大さじ１を熱し、手羽中を焼く。全体に焼き色がついたら、弱火で中までじっくり焼いていったん取り出す。

**3**　サラダ油大さじ1/2を足し、にんにく、赤唐辛子、まいたけ、エリンギ、さやいんげんを加えて炒める。**2**の手羽中を戻し入れ、**B**を加えて炒め合わせる。

＊　骨に沿って切り込みを入れると、火が通りやすく、味のしみ込みもよくなります。片栗粉をまぶすと調味料もよくからみます。

## ささみのポテトころも焼き

材料（2人分）
鶏ささみ…4本
A｜酒…小さじ2
　｜塩…少々
じゃがいも（細せん切り）…2個
B｜小麦粉…大さじ2
　｜カレー粉…小さじ1/2
サラダ油…大さじ2～3

**1**　ささみは筋を取り、4～5等分の斜め切りにする。**A**をもみ込み、5分ほどおく。じゃがいもは**B**と混ぜ合わせ、ささみにまぶす。
**2**　フライパンにサラダ油を熱し、ささみをギュッとにぎり、ころもをつけて入れる。弱～中火でじっくりと焼く。
＊　焼くときには、ころもがはがれないようにあまり動かさないこと。焼き色をつけるように、弱火～中火でゆっくりと転がしてください。

## 鶏肉と夏野菜の蒸し煮

材料（2人分）
鶏もも肉（ひと口大に切る）…1枚
塩・小麦粉…各適量
にんにく（芽を取ってつぶす）…1/2片
玉ねぎ（3㎝角に切る）…1/2個
かぼちゃ（5㎜厚さにスライス）…80g
なす（縞目に皮をむいて輪切り）…1本
ピーマン（3㎝角に切る）…1個
ミニトマト
　（ヘタを取り4等分に切る）…4個
酒…大さじ1
サラダ油…大さじ1と1/2

**1**　鶏肉は塩をすり込み、小麦粉を薄くまぶす。
**2**　フライパンにサラダ油大さじ1を熱し、鶏肉を焼く。両面に焼き色がついたらいったん取り出し、にんにくを加える。香りが出たら残りの野菜をすべて加えて炒める。
**3**　野菜の上に**2**の鶏肉をのせ、酒を加えてふたをし、弱火で5～10分蒸し焼きにする。塩で味をととのえ、サラダ油大さじ1/2を加えて混ぜ合わせる。
＊　肉は少し大きめに切ったほうが、やわらかくジューシーに蒸し上がります。小さな子どもには、食べるときに小さく切ってあげて。

## 鶏胸肉のアスパラロール

材料（2人分）
鶏胸肉…1枚
グリーンアスパラ…2本
塩…小さじ1/2
酒…大さじ1
ピリ辛マヨソース
　（作り方P105）…適量
ミニトマト
　（ヘタを取り4等分に切る）
　…1～2個

**1**　鶏肉は包丁で観音開きにし、厚みを均等にする。包丁の背で全体をたたき、塩、酒をまぶして5分ほどおく。
**2**　グリーンアスパラは根元のかたい皮をピーラーでむき、長さ半分に切る。鶏肉にのせて巻き、ラップで包む（両端は包み込まない）。
**3**　耐熱皿に**2**をのせて、電子レンジで3分加熱する。裏返して2分加熱し、粗熱が取れたらラップをはずして食べやすく切る。
**4**　器にピリ辛マヨソースを敷き、**3**を並べてミニトマトを飾る。
＊　ソースの濃度は牛乳で調節を。豆板醤などの辛みを少し加えても。

## 手羽先と里いものみそバター煮

材料（2人分）
鶏手羽先…4本
里いも（半分に切る）…5個
干ししいたけ…2枚
水…1/2カップ
A｜酒・みりん…各大さじ1
　｜砂糖…大さじ1
みそ…大さじ1と1/2
バター…10g
三つ葉（ざく切り）…適量
サラダ油…大さじ1/2

**1**　干ししいたけは水でもどして半分に切る（もどし汁はとっておく）。
**2**　フライパンにサラダ油を熱し、手羽先を両面焼く。焼き色がついたら里いも、干ししいたけを加えて炒める。
**3**　全体に油がまわったら**1**のもどし汁を加え、ひたひたに水を加える。**A**を加え、ふたをしてアクを取りながら弱火で30～40分煮る。
**4**　みそを溶き入れ、強火で煮汁をからめてバターを加え、全体を混ぜ合わせる。器に盛り、三つ葉を添える。
＊　40分ほどじっくり煮込むと、箸でもホロッと崩れるくらいやわらかくなります。みそとバターは最後に加えると、風味が損なわれません。

## ささみのミニ春巻き

材料（2人分）
鶏ささみ（筋を取り細切りにする）…4本
梅干し…2個
かつお節…ひとつまみ
春巻きの皮…6枚
青じそ…12枚
揚げ油…適量

**1**　梅干しは種を取ってたたき、かつお節と混ぜておく。春巻きの皮は対角線で半分に切り、三角形にする。
**2**　春巻きの皮を広げ、手前に半分に折った青じそ、ささみを順にのせて梅肉を塗る。2辺に水溶き小麦粉（分量外）を塗り、手前を少し巻いて両端を折り、巻く。角と巻き終わりも水溶き小麦粉で留める。
**3**　フライパンに揚げ油を高さ1㎝ほど注いで熱し、**2**を揚げる。器に盛り、好みでくし形に切ったレモンを添える。
＊　春巻きの皮は三角の長い辺を手前にして具をのせます。最後に水溶き小麦粉でしっかり留めてくださいね。

## 鶏のから揚げ　フレッシュサルサソース

材料（2人分）
鶏もも肉（大きめのひと口大に切る）…1枚
**A**｜しょうゆ・酒…各大さじ1
　｜しょうが（すりおろす）…少々
フレッシュサルサソース（作り方P106）…適量
溶き卵…大さじ1
片栗粉・揚げ油…各適量

**1**　ボウルに鶏肉、**A**を入れてもみ込み、15分ほどおく。
**2**　汁けを拭いた鶏肉に溶き卵をからめ、片栗粉をたっぷりまぶす。
**3**　鍋に揚げ油を160～170℃に熱し、鶏肉を揚げる。きつね色に揚がったらいったん取り出し、温度を180～190℃に上げてさっと2度揚げする。好みでくし形に切ったレモンを添える。
**4**　器に盛り、サルサソースをかける。
＊　汁けをよく拭いて片栗粉をたっぷりつけ、2度揚げ！サルサソースは魚料理にも合いますよ。

## 鶏胸肉のねぎみそ炒め

材料（2人分）
鶏胸肉…1枚
**A**｜酒…大さじ1
　｜しょうゆ…小さじ1
片栗粉…大さじ2
**B**｜水…大さじ2
　｜鶏ガラスープの素…小さじ1
長ねぎ（斜め切り）…2/3本
**C**｜みりん・砂糖…各大さじ1/2
　｜みそ…大さじ1
白いりごま…少々
サラダ油…小さじ2

**1**　鶏肉は厚めにスライスしてから棒状に切り、**A**をもみ込む。10分おいて片栗粉を加え、混ぜ合わせる。
**2**　フライパンにサラダ油を熱し、鶏肉を両面焼く（あまり触らない）。**B**を加えてふたをし、1～2分蒸し焼きにする。
**3**　ふたを取って長ねぎ、白いりごまを加え、混ぜ合わせた**C**で調味する（水分が少なければ水を足す）。器に盛り、好みで短く切った貝割れ菜をのせる。
＊　胸肉のパサつきを防ぐには、下味後の片栗粉が大切。焼くときに動かしすぎると片栗粉がはがれるので注意して。**C**は豆板醤を加えても。

## 照り焼きチキン

材料（2人分）
鶏もも肉…1枚
塩…少々
小麦粉…適量
**A**｜酒・みりん・しょうゆ…各大さじ1
　｜砂糖　大さじ1/2
サラダ油…小さじ1

**1**　鶏肉は皮目をフォークで数か所刺し、身は厚みを開いて均一にする。縦横に浅く切り込みを入れて半分に切り、塩をふって薄く小麦粉をまぶす。
**2**　フライパンにサラダ油を熱し、鶏肉を皮目から焼く。脂をキッチンペーパーで拭き取り、焼き色がついたら裏返す。ふたをして弱火で5分ほど蒸し焼きにする。
**3**　ふたを取り、混ぜ合わせた**A**を加える。肉に煮汁をかけながら、軽くとろみがつくまで煮つめる。食べやすく切って器に盛り、好みの焼き野菜を添える。
＊　肉に小麦粉をまぶすと、うまみも逃げず、味もからみやすくなります。

安くておいしい!

# 豚肉のおかず

## 焼きしゃぶ

材料（2人分）
豚薄切り肉（しゃぶしゃぶ用）…200g
ねぎ塩だれ（作り方P104）…全量
好みの野菜（かぼちゃ・ピーマン・玉ねぎ・にんじん・キャベツ・エリンギなど）…各適量

ホットプレートを温め、食べやすく切った野菜、豚肉を焼く。焼けたものからねぎ塩だれにつけて食べる。好みで白菜キムチを添える。

＊　ちぎった韓国のりをのせたご飯にのせたり、レタスで巻いたり、溶き卵につけたり、食べ方は好みで。キムチは肉や野菜と一緒に食べます。

デイリーで活躍するのは薄切り肉。炒めものや煮ものなど、さまざまな料理に使いやすく、食べやすい。早く火が通るので調理時間も短縮でき、便利です。

# 豚肉となすの青じそみそ炒め

材料（２人分）

豚バラ薄切り肉（食べやすい大きさに切る）…150ｇ

なす（半月切りにして水にさらす）…２本

ししとう（縦半分に切り種を取る）…６本

青じそみそ（作り方P103）…大さじ２前後

サラダ油…小さじ１

**1**　フライパンにサラダ油を熱し、豚肉を炒める。八分目ほど火が通ったら水けをきったなす、ししとうを加えて炒め合わせる。

**2**　余分な脂を拭き取り、青じそみそを加えて味をからめる。

＊　青じそが入るとさわやかな風味が加わって、夏にぴったり。肉の脂が残っていると、みそだれのからみが悪いのでよく拭き取って。

## ポークソテー　マスタードソースがけ

材料（２人分）
豚ロース肉（とんカツ用）…200ｇ（２枚）
塩…小さじ1/4
小麦粉…適量
A｜水…1/4カップ
｜顆粒コンソメ…小さじ１
｜粒マスタード…小さじ２
｜しょうゆ・みりん…各小さじ１
サラダ油…小さじ１

**1**　豚肉は、脂身と赤身の境目付近に何か所か切り目を入れて筋切りをする。塩をふり、小麦粉を薄くまぶす。
**2**　フライパンにサラダ油を熱し、豚肉を強めの中火で焼く。焼き色がついたら裏返して弱火にし、中まで火が通ったら器に盛る。
**3**　**2**のフライパンに**A**を入れて火にかけ、軽く煮つめてポークソテーにかける。好みでつけ合わせの野菜を添える。
＊　豚肉に薄力粉をまぶすと、ソースがよくからみます。ソースのマスタードは加熱で辛みがやわらぎますが、好みで量を調整して。

## 豚ごぼうのトマト煮

材料（２人分）
豚薄切り肉（ひと口大に切る）…200ｇ
にんにく（みじん切り）…１片
ごぼう（細めの乱切り）…１本
玉ねぎ（薄切り）…1/4個
A｜カットトマト缶…1/2缶
｜みそ…小さじ２
塩…適量
サラダ油…小さじ１

**1**　フライパンにサラダ油、にんにくを入れて火にかけ、香りが出てきたら豚肉を加えて炒める。
**2**　肉の色が変わったらごぼう、玉ねぎを加えて炒め、**A**を加える。ふたをして、ときどき混ぜながら弱火で20～30分煮る（水分が足りなくなったら途中で水を足す）。塩で味をととのえる。
**3**　器に盛り、好みで粉チーズをかける。
＊　薄切り肉で作るので、煮込み時間も短くてすみます。ごぼうとトマトの相性の良さを味わって。

## オクラの豚肉巻き

材料（２人分）
豚薄切り肉…８枚
オクラ…８本
A｜みりん・しょうゆ…各大さじ１
｜砂糖…小さじ１
サラダ油…少々

**1**　オクラは塩（分量外）でこすってうぶ毛を取り、洗う。水けを拭き、ガクをむく。
**2**　豚肉１枚を広げてオクラ１本を巻く。残りも同様にして巻く。
**3**　フライパンにサラダ油を熱し、**2**の巻き終わりを下にして焼く。焼き色がついたら転がしながら全体を焼く。ペーパータオルで脂を拭き取り、**A**を加えて軽く煮つめる。
**4**　器に盛り、好みでゆで野菜を添える。
＊　巻き終わりを下にしてくっつけるようにしっかり焼くと、肉が開きません。オクラをミニトマトにかえてもOK。お弁当にもぴったり。

## 豚肉のみょうが炒め

材料（２人分）
豚薄切り肉（食べやすい大きさに切る）
…200ｇ
しょうが（せん切り）…１かけ
みょうが（縦半分に切り斜め薄切り）
…６～８本
酢…小さじ１
A｜しょうゆ…大さじ１と1/2
｜みりん…大さじ１
白いりごま…適量
サラダ油…小さじ２

**1**　フライパンにサラダ油を熱し、しょうがを炒める。豚肉を加え、八分目ほど火が通ったらみょうが、酢を加えて炒め、**A**を加えて水分をとばすように炒める。
**2**　器に盛り、白いりごまをふる。好みでブロッコリースプラウトを添える。
＊　みょうがはたっぷり入れるとおいしい！　炒めると辛みもなくなります。酢をほんの少し入れると、みょうがの色が鮮やかに出ます。

## 豚肉とほうれん草の豆乳しゃぶしゃぶ

材料（２人分）
豚薄切り肉（しゃぶしゃぶ用）…200ｇ
ほうれん草（4～5㎝長さに切る）…４株
昆布…約５㎝
豆乳・水…各２と1/2カップ
大根（ピーラーで薄くむく）…1/8本
長ねぎ（斜め薄切り）…１本
ポン酢しょうゆ…適量

**1**　鍋に水、昆布を入れて火にかけ、沸騰したら昆布を取り出して豆乳を加える。弱火で温め、野菜、豚肉を加える。
**2**　器にポン酢しょうゆ、**1**の豆乳スープを少し入れ、火が通った順にたれにつけながら食べる。
＊　水と豆乳の割合は１：１。鍋の大きさで量は適宜調節を。豆乳を入れたあと沸騰させると分離してしまうので、必ず弱火で温めて。

## マーマレードしょうが焼き

材料（２～３人分）
豚ロースかたまり肉（1㎝厚さに切る）
…300ｇ
**A**｜マーマレード…40～50ｇ
｜しょうゆ…大さじ２
｜しょうが（すりおろす）…１かけ
サラダ油…小さじ１

**1**　**A**はポリ袋に入れ、豚肉を加えてよくなじませる。空気を抜いて口を閉じ、冷蔵庫でひと晩～１日おく。
**2**　フライパンにサラダ油を熱し、漬けだれを軽くきった豚肉を両面焼く。水分がなくなって焼き色がついたら、漬けだれを加えて煮つめる。器に盛り、好みで粗びき黒こしょうをふり、輪切りのレモンやレタスを添える。
＊　マーマレードの甘みで、肉がやわらかく仕上がります。味つけはマーマレードとしょうゆで、しょうががポイント！　マーマレードの甘さによって、量は適宜調節。

## 豚肉のみぞれ蒸し　たっぷりにらだれ

材料（２人分）
豚薄切り肉…200ｇ
大根おろし（汁ごと使う）…約５㎝分
にらだれ（作り方P104）…半量

**1**　フライパンに大根おろしの1/3量を敷き、豚肉の半量をのせる。同様にして重ね、残りの大根おろしをのせる。
**2**　ふたをして火にかけ、沸騰したら火を弱めて５～10分蒸し煮にする。
**3**　器に盛り、にらだれをかける。好みで糸唐辛子を飾る。
＊　大根おろしは汁ごと投入。大根の代わりにかぶおろしにすると甘みが増します。にらだれは、先に作って味をなじませて。

## 豚肉とれんこんのから揚げ

材料（２人分）
豚薄切り肉（粗く刻む）…200ｇ
れんこん…150ｇ
玉ねぎ（みじん切り）…1/8個
**A**｜酒・しょうゆ…各小さじ２
｜みりん…小さじ１
｜カレー粉…小さじ1/2
片栗粉　大さじ３～４
揚げ油…適量

**1**　れんこんは半量をすりおろし、残りは角切りにする。
**2**　ボウルに**1**、豚肉、玉ねぎ、**A**を加えてよく混ぜ、10分おく。片栗粉を加えて混ぜ、ひと口大に丸める。
**3**　鍋に揚げ油を170℃に熱し、**2**を揚げる。器に盛り、好みでくし形に切ったレモンを添える。
＊　れんこんは切り方を変えて、すりおろしと角切りにするのがポイント。サクサク、モチモチのふたつの食感が楽しめます。

いろいろアレンジできる

# ひき肉のおかず

丸めたり、重ねたり、ポロポロに炒めたり、いろんな形にできるのがひき肉のよさ。さっぱりした和風なら鶏、うまみを出すなら豚や合いびきと使い分けます。

## ミートボール トマト煮込み

材料（2人分）
合いびき肉…200g
A｜粉チーズ…大さじ1
　｜ナツメグ・塩・こしょう
　｜　…各少々
B｜玉ねぎ（みじん切り）…1/4個
　｜卵白…1個分
　｜パン粉…1/4カップ
にんにく（みじん切り）…1片
カットトマト缶…1/2缶
水…1/2カップ
小麦粉・塩…各適量
粉チーズ・パセリ（みじん切り）…各適量
サラダ油…適量

**1**　ボウルにひき肉、**A**を入れ、空気を含ませるように混ぜる。**B**を加えてさらに混ぜ、12等分にして丸める。

**2**　フライパンにサラダ油、にんにくを入れて火にかけ、香りが出てきたらトマト缶、水を加える。ふたをして、弱火で15分ほど煮る。

**3**　薄く小麦粉をまぶした**1**を加え、ふたをしてときどき転がしながら弱火で5分ほど煮る。塩で味をととのえる。

**4**　器に盛り、粉チーズをふり、パセリを散らす。

＊　ひき肉は空気を含ませるように、ふんわりとこねるとソフトな食感。仕上げのチーズはたっぷりと！ソースはパスタにも使えます。

## オクラキーマカレー

材料（2人分）
合いびき肉…200ｇ
玉ねぎ（みじん切り）…1/2個
ピーマン（みじん切り）…1個
なす（みじん切り）…1本
オクラ（ヘタを取り乱切り）…6本
にんにく（みじん切り）…1片
しょうが（みじん切り）…1かけ
カレー粉…大さじ1と1/2～2
A｜トマトジュース…1缶（190ｇ）
｜プレーンヨーグルト…50ｇ
｜顆粒コンソメ…小さじ2
｜中濃ソース…大さじ1
｜インスタントコーヒー…小さじ1
塩・ご飯…各適量
卵（半熟にゆでる）…2個
サラダ油…小さじ2

**1**　フライパンにサラダ油、にんにく、しょうがを入れて火にかける。香りが出てきたら玉ねぎを加え、弱火で5分ほど炒める。
**2**　ピーマン、なす、ひき肉を加えてさらに炒め、肉の色が変わったらカレー粉、塩少々を加えて混ぜる。
**3**　**A**を加え、ふつふつとしてきたらオクラを加えてふたをし、弱火で20～30分煮込む。塩で味をととのえる。
**4**　器にご飯、**3**を盛り、粗く割った半熟ゆで卵をのせる。好みで紫玉ねぎの甘酢漬け（作り方P30）を添えても。
＊　オクラを入れると自然にとろみがつきます。ルウいらずでヘルシー。

## 枝豆つくね

材料（2人分）
鶏ひき肉…200ｇ
A｜長ねぎ（みじん切り）…1/2本
｜パン粉…1/4カップ
｜溶き卵…1/2個分
｜みそ…小さじ1
枝豆（塩ゆでしてさやから出す）
…正味30ｇ
酒…大さじ1
B｜水・しょうゆ・みりん
｜…各大さじ1
｜砂糖…小さじ1
水溶き片栗粉・サラダ油…各適量

**1**　ボウルにひき肉、**A**を入れて混ぜ、枝豆を加えてさらに混ぜる。8等分にしてだ円に成形する。
**2**　フライパンにサラダ油を熱し、**1**を焼く。表面が焼けたら酒を加え、ふたをして弱火で5～8分ほど蒸す。
**3**　混ぜ合わせた**B**を加えてからめ、水溶き片栗粉でとろみをつける。器に盛り、好みで卵黄や粉山椒を添える。
＊　枝豆以外の野菜でも大丈夫。とうもろこしもいいし、れんこん、ごぼうなど根菜たっぷりにしても。

## 根菜とひじきの豆腐ハンバーグ

材料（2人分）
豚ひき肉…200ｇ
木綿豆腐（水きりする）…100ｇ
れんこん…約100ｇ
ごぼう（細めのささがき）…1/4本
水煮ひじき…30ｇ
A｜みそ…小さじ1
｜砂糖・しょうゆ…各大さじ1
青じそ…4枚
大根おろし・ポン酢しょうゆ
…各適量
サラダ油…適量

**1**　れんこんは半量をすりおろし、残りは角切りにする。
**2**　ボウルにひき肉、**A**を加えてよく混ぜ、**1**、豆腐、ごぼう、ひじきを加えてさらに混ぜ合わせる。小さめに成形し、中央を少しくぼませる。
**3**　フライパンにサラダ油を熱し、**2**を並べる。片面焼いたら裏返して弱火にし、ふたをして3～5分蒸し焼きにする。ふたを取り、水分をとばす。
**4**　器に青じそを敷き、**3**を盛って大根おろしをのせる。好みでブロッコリースプラウトをのせ、ポン酢しょうゆをかける。
＊　お弁当にもぴったり。豆腐の水きりは、キッチンペーパーに包んで重しをのせてひと晩おきます。

## 白菜の和風ロール蒸し

材料（２～３人分）
豚ひき肉…200ｇ
白菜（あればミニ白菜）…８枚
A｜溶き卵…1/2個分
　｜しょうゆ…大さじ１
　｜酒…大さじ1/2
長ねぎ（みじん切り）…1/2本
しいたけ（みじん切り）…２個
片栗粉…大さじ１
B｜だし汁…１カップ
　｜しょうゆ・みりん
　｜　…各小さじ２
　｜しょうが（すりおろす）
　｜　…１かけ
水溶き片栗粉…適量

**1**　白菜は軸の部分をそいで厚みを均等にする。ラップに包み、電子レンジで２～３分加熱する。
**2**　ボウルにひき肉、**A**を入れて混ぜ、長ねぎ、しいたけ、片栗粉を加えて混ぜる。
**3**　広げたラップに白菜の向きを交互に４枚並べ、片栗粉（分量外）を薄くふって、**2**の半量を広げる（奥1/3くらいあける）。手前からラップごと巻き、爪楊枝で数か所穴をあける。残りも同様にして作る。
**4**　耐熱皿に**3**を１本のせ、電子レンジで４分加熱する。そのままさまし、残りも同様にして加熱する。粗熱が取れたら食べやすく切って器に盛る。
**5**　鍋に**B**を入れて火にかける。沸騰したら水溶き片栗粉を加えてとろみをつけ、**4**にかける。
＊　ミニ白菜は並べたときにきれいな長方形になり、巻きやすくなります。

## なすとひき肉の重ね焼き

材料（２人分）
合いびき肉…200ｇ
なす（薄い輪切りにして水にさらす）
　…３本
市販のトマトソース…約150ｇ
玉ねぎ（みじん切り）…1/2個
塩・こしょう…各適量
ピザ用チーズ・パセリ
　（みじん切り）…各適量
サラダ油…大さじ３程度

**1**　フライパンにサラダ油を熱し、なすを焼く。火が通ったら取り出す。
**2**　**1**のフライパンに玉ねぎ、ひき肉を入れて炒める。肉の色が変わったら軽く塩、こしょうをふる。
**3**　耐熱容器になす、トマトソース各半量、ひき肉を順に重ねる。残りのなす、トマトソースを順に重ね、ピザ用チーズをのせる。オーブントースターで軽く焦げ目がつくまで焼く。取り出してパセリをふる。
＊　ひき肉、なす、トマトの定番組み合わせを、おしゃれな重ね焼きに。市販のトマトソースを使えば手軽。おもてなしにも。

## 肉だんごの甘酢あん

材料（２人分）
豚ひき肉…200ｇ
チンゲン菜…２株
A｜みそ・酒…各小さじ１
　｜塩…少々
溶き卵…1/2個分
玉ねぎ（みじん切り）…1/4個
しょうが（すりおろす）…１かけ
B｜酢・水…各大さじ２
　｜砂糖…大さじ３
　｜しょうゆ…大さじ１
　｜鶏ガラスープの素・片栗粉
　｜　…各小さじ１
揚げ油…適量

**1**　鍋に湯を沸かし、塩、サラダ油各少々（各分量外）、チンゲン菜を入れてサッとゆでる。ざるにあげて水けをきり、さます。
**2**　ボウルにひき肉、**A**を入れて混ぜる。溶き卵、玉ねぎ、しょうがを加えてよく混ぜ、ひと口大に丸める。
**3**　鍋に揚げ油を170℃に熱し、**2**を揚げる。
**4**　フライパンに**B**を入れ、混ぜながら火にかける。とろみがついてきたら**3**を加えてからめる。
**5**　器にチンゲン菜を丸く並べ、真ん中に**4**を盛る。
＊　肉だんごは作りおきに向くので、倍量で作って半分を冷凍しておいても。

## ジューシー！ 焼き餃子

材料（20個分）
豚ひき肉…100g
豚バラ薄切り肉…50g
白菜（みじん切り）…200g
にら（みじん切り）…5本
塩…小さじ1/4
A｜鶏ガラスープの素…小さじ1
｜湯…大さじ1
｜水・酒…各大さじ1
B｜にんにく（みじん切り）…1片
｜しょうが（みじん切り）…1かけ
｜砂糖・しょうゆ…各小さじ1
｜オイスターソース…小さじ1
餃子の皮…20枚
C｜水…1/2カップ
｜小麦粉…小さじ2

**1** 白菜、にらは塩をふって軽くもみ、5分ほどおく。薄切り肉は包丁でたたいてひき肉と混ぜ合わせ、**A**を加えてよく混ぜる。
**2** **1**の豚肉に水けを絞った白菜、にら、**B**を加えて混ぜ、冷蔵庫で1時間ほど冷やす。軽く全体を混ぜて餃子の皮で包み、口をしっかり閉じる。
**3** 直径20㎝のフライパンに混ぜ合わせた**C**の半量を入れて火にかけ、沸騰したら間隔をあけて餃子の半量を並べる。ふたをして強めの中火で4～5分焼く。
**4** 水分がほとんどなくなったらふたを取り、鍋肌からごま油少々（分量外）を加えて、フライパンをゆすりながら焦げ目がつくまで焼く。
**5** フライパンに器を当ててひっくり返し、餃子を盛る。残りも同様にして作る。酢、しょうゆ、ラー油など、好みのたれにつけて食べる。
＊ 肉だねは冷やすとまとめやすくなります。焼くときは、間隔をあけて並べるのもコツ。フライパンが大きいときは水溶き小麦粉の量を調整して。

## とうもろこしのピリ辛そぼろ炒め

材料（2人分）
豚ひき肉…100g
とうもろこし（包丁で実をこそぎ取る）…1本
A｜鶏ガラスープの素…小さじ1
｜しょうゆ…小さじ1前後
｜豆板醤…少々
万能ねぎ（小口切り）…適量
ごま油…大さじ1/2

**1** フライパンにごま油を熱し、とうもろこしを炒める。油がまわったらひき肉を加えて炒める。
**2** ポロポロになったら**A**を加えて調味する。器に盛り、万能ねぎをふり、好みで糸唐辛子を飾る。
＊ 生のとうもろこしで作ると格別！ 手に入らないときは冷凍や缶詰でいいですよ。豆板醤の量は好みで。ご飯にのせて丼にしても。

## 根菜とひき肉の春雨炒め

材料（2人分）
豚ひき肉…100g
しょうが（みじん切り）…1かけ
ごぼう（ささがきにする）…1/4本
にんじん（せん切り）…1/4本
しいたけ（薄切り）…1個
春雨…15g
A｜酒…大さじ1
｜水…大さじ2～3
｜鶏ガラスープの素…小さじ1/2
｜砂糖…小さじ1
｜しょうゆ…小さじ2～3
にら（2～3㎝幅に切る）…4本
サラダ油…適量

**1** 春雨は湯でもどしてひと口大に切る。
**2** フライパンにサラダ油を熱し、しょうが、ひき肉を炒める。パラパラになってきたらごぼう、にんじん、しいたけを加えて炒め合わせる。
**3** 春雨、**A**を加えてふたをし、5分ほど煮る。ふたを取ってにらを加え、軽く水分をとばしながら炒める。
＊ ご飯に合うしっかり味のおかずです。春雨は小さめに切ると、食べやすいですよ。にらは最後にさっと炒めればOK。

アレンジしやすい！

# 鮭のおかず

私が住む新潟は、鮭の産地としても有名。わが家でもよく使います。そのまま焼いてもおいしいけれど、野菜と組み合わせると目先も変わっておすすめです。

## 鮭のムニエル たっぷりきのこのクリームソース

材料（２人分）
生鮭…２切れ
塩・小麦粉…各適量
バター…10ｇ
しめじ（石づきを取りほぐす）…1/2パック
エリンギ（２～３㎝長さの短冊切り）…１本
A｜酒…大さじ１
　｜しょうゆ…小さじ1/2
生クリーム…1/2カップ
パセリ（みじん切り）…適量

**1**　鮭はうろこを除いて軽く塩をふる。10分ほどおいたら水けを拭き、小麦粉を薄くまぶす。
**2**　フライパンにバターを溶かし、鮭を焼く。片面焼けたら裏返し、弱火でじっくり焼いて取り出す。
**3**　**2**のフライパンにしめじ、エリンギを入れて炒める。しんなりしてきたら**A**、生クリームを加えて軽く煮つめる。味をみて塩でととのえる。
**4**　器に鮭を盛り、**3**をかけてパセリをふる。
＊　定番のムニエルを、クリームソースでアレンジ。きのこと鮭もよく合います。甘塩鮭を使う場合は、塩をふらずに小麦粉をまぶして。

# 鮭とたっぷりキャベツのみそバター炒め

材料（2人分）
生鮭（食べやすく切る）…2切れ
塩・小麦粉…各適量
バター…10g
玉ねぎ（薄切り）…1/4個
キャベツ（ざく切り）…1/8個
A｜みそ・みりん・酒…各大さじ1
｜しょうゆ…小さじ1/2
万能ねぎ（小口切り）…適量

**1**　鮭は軽く塩をふって10分ほどおき、水けを拭いて薄く小麦粉をまぶす。
**2**　フライパンにバター半量を溶かし、鮭を両面焼いていったん取り出す。
**3**　残りのバターを溶かし、玉ねぎ、キャベツを炒める。しんなりとしてきたら鮭を戻し入れ、混ぜ合わせたAを加えて全体に味をからめる。
**4**　器に盛り、万能ねぎを散らす。
＊　ムニエルのように小麦粉をまぶして、たっぷりのキャベツは蒸さずに炒めます。好みで、にんにくを入れたり、豆板醤でピリ辛にしても。

# 鮭の青じそ照り焼き

材料（2人分）
生鮭（3～4等分に切る）…2切れ
塩・小麦粉…各適量
A｜しょうゆ・みりん・水
｜…各大さじ1と1/2
｜砂糖…小さじ2
青じそ（粗みじん切り）…4枚
サラダ油…小さじ2

**1**　鮭は軽く塩をふって10分ほどおき、水けを拭いて薄く小麦粉をまぶす。
**2**　フライパンにサラダ油を熱し、鮭を焼く。両面がこんがり焼けたらAを加え、煮つめながらからめる。火を止め、青じそを加えて混ぜる。
**3**　器に盛り、好みでくし形に切ったレモンを添える。
＊　いつもの照り焼きに青じそを加え、さわやかさをプラス。青じその風味を生かすために、火を止めたあとにサッと混ぜるだけにします。

# 鮭と長ねぎの甘酢炒め

材料（2人分）
生鮭（4～5等分に切る）…2切れ
塩・片栗粉…各適量
しょうが（薄切り）…1かけ
長ねぎ（斜め切り）…1本
しいたけ（石づきを取り半分に切る）
…3個
A｜水…大さじ2
｜酢…大さじ1
｜砂糖…小さじ2
｜しょうゆ…小さじ1
｜塩…ひとつまみ
サラダ油…大さじ1

**1**　鮭は軽く塩をふって5分ほどおき、水けを拭いて片栗粉を薄くまぶす。
**2**　フライパンにサラダ油を熱してしょうがを炒め、香りが出てきたら鮭を入れて焼く。
**3**　全体に焼き色がついたら長ねぎ、しいたけを加えてさっと炒め、混ぜ合わせたAを加えて煮つめる。
＊　ちょっと甘めの味つけなので、好みで調節してください。長ねぎは青い部分も入れると彩りがよく、最後に加えてシャキッと炒めます。

秋の味覚を味わって

# さんま・いわしのおかず

## さんまの焼きびたし

材料（2人分）
さんま…2尾
赤唐辛子（小口切り）…1/2本
A　だし汁…1カップ
　しょうゆ…大さじ2
　みりん…大さじ1と1/2
　塩…小さじ1/4
すだち（輪切り）…1個

**1**　鍋に赤唐辛子、Aを入れて火にかける。沸騰したら火を止め、さめたら器に入れる。
**2**　さんまははらわたを除き、3～4等分のぶつ切りにしてよく洗う。
**3**　水けを拭いたさんまを魚焼グリルに並べ、両面をこんがりと焼く。取り出して1の漬け汁に加え、すだちを添える。好みで大根おろしを添える。
＊　ほんのり赤唐辛子を効かせ、味を引き締めて。すだちがなければ、かぼす、レモンなどほかの柑橘類で代用して。

## さんまときのこのゆずこしょう炒め

材料（2人分）
さんま…2尾
ゆずこしょう・片栗粉…各適量
しめじ（石づきを取りほぐす）…1パック
しいたけ（軸を切り落として薄切り）…2個
A　みりん…大さじ1
　塩…少々
万能ねぎ（小口切り）…2本
サラダ油…大さじ1

**1**　さんまは頭を切り落としてはらわたを除き、よく水洗いする。中骨に沿って身を切り離し、反対側も同様にして三枚におろす。3等分にして水けを拭き取り、ゆずこしょうを少し塗って片栗粉をまぶす。
**2**　フライパンにサラダ油小さじ2を熱し、さんまを焼いていったん取り出す。
**3**　サラダ油小さじ1を足してしめじ、しいたけを炒め、しんなりしたらさんまを戻し入れ、Aを加えて全体を炒め合わせる。器に盛り、万能ねぎをふる。
＊　ゆずこしょうを直接塗って、さんまに下味をつけます。火を通すと辛みがやわらぎますが、あまりつけすぎないように気をつけて。

夏から秋にかけての魚といえば、このふたつ。青魚は苦手な人がいますが、しっかり下処理すればくさみもなく、子どもでもパクパク食べてくれます。

## いわしのハーブパン粉焼き

材料（２人分）
いわし…小６尾
塩・こしょう…各適量
トマト…２個
**A**｜パン粉…大さじ２
｜粉チーズ…大さじ１
｜パセリ（みじん切り）…小さじ１
｜にんにく（みじん切り）…１片
ローズマリー・オリーブ油…各適量

**1**　いわしは頭を切り落としてはらわたを除き、よく水洗いする。手で開いて骨を除き、軽く塩、こしょうをふって10分ほどおく。トマトは１個は輪切り、残りは角切りにし、それぞれ塩少々をふる（出てきた水けはきっておく）。
**2**　耐熱容器に薄くオリーブ油を塗り、輪切りのトマト、いわしを順に重ねてオリーブ油をかける。角切りのトマト、混ぜ合わせた**A**、ローズマリーを順にのせてオーブントースターで10～15分焼く。
＊　パン粉の“おしゃれマジック”で、安価ないわしがデリ風に。トマトから水分が出てくるので、余分な水分はきっておくこと。

## いわしのかば焼き

材料（２人分）
いわし…４尾
バター…10ｇ
白菜（ひと口大に切る）…1/10個
玉ねぎ（薄切り）…1/2個
塩・片栗粉…各適量
**A**｜みりん・しょうゆ…各大さじ２
｜砂糖・水…各大さじ１
サラダ油…大さじ１～２

**1**　フライパンにバターを溶かし、白菜、玉ねぎを炒める。しんなりしたら軽く塩をふり、取り出しておく。
**2**　いわしは頭を切り落としてはらわたを除き、よく水洗いする。中骨に沿って身を切り離し、反対側も同様にして三枚におろす。水けを拭き取り、片栗粉をまぶす。
**3**　フライパンにサラダ油を熱し、いわしを焼く。両面が焼けたらペーパータオルで余分な油を拭き取り、混ぜ合わせた**A**を加えて軽く煮つめる。
**4**　器に**1**の野菜を盛り、いわしをのせる。
＊　かば焼きだけだとボリューム不足ですが、野菜を組み合わせることでおかずらしい一品に。野菜はバターで炒めてコクを出します。

和洋中、いろいろにアレンジ

# 白身魚のおかず

白身魚といえば鍋、というイメージが強いのですが、味にクセがなくやわらかいので、おかずにも使いやすいんです。身が崩れやすいので、調理はていねいに。

## たらとじゃがいものスープ煮

材料（2人分）
たら（食べやすく切る）…2切れ
じゃがいも（厚めの輪切り）…1個
A | 水…1カップ
　| 顆粒コンソメ…小さじ1
オクラ（ガクをむいて斜めに切る）…4本
塩・粗びき黒こしょう…各適量
サラダ油…小さじ2

1　フライパンにサラダ油を熱し、じゃがいもを炒める。油がなじんだらAを加えてふたをし、弱火で5分ほど煮る。

2　たら、オクラを加えてさらに2〜3分煮る。塩、粗びき黒こしょうで味をととのえる。

＊　たらからうまみがたっぷり出るので、おいしいスープも残さずいただきます。たらは火を通しすぎるとパサつくので注意して。

## 白身魚のカルトッチョ

材料（2人分）
白身魚（鯛、すずき、さわら、ホキなどの切り身）…2切れ
塩…適量
あさり…100g
にんにく（薄切り）…1片
ミニトマト（ヘタを取り半分に切る）…4個
こしょう…少々
オリーブ油…小さじ2

**1**　白身魚は塩をふって5分ほどおき、水けを拭き取る。
**2**　30×50㎝くらいの長さに切ったクッキングペーパーの真ん中に白身魚1切れをのせ、まわりにあさり、にんにく、ミニトマト各半量ずつおく。塩、こしょうをふってオリーブ油小さじ1をかけ、ペーパーの上と両脇を3回ほど折ってしっかりと包む。残りも同様にして作る。
**3**　フライパンに**2**をのせてふたをし、強火で2分、やや強めの弱火で5分蒸す。
＊　クッキングペーパーは大きめのほうが包みやすいです。上と両脇を3回ほど折ってしっかりと包んで。あさりがなければ魚だけでも。

## すずきの甘酢あん

材料（2人分）
すずき（半分に切る）…2切れ
塩…少々
片栗粉…適量
ピーマン（縦8等分に切る）…1個
れんこん（輪切りにして水にさらす）…1/2節
**A**
水…1/4カップ
砂糖…大さじ2
しょうゆ・酢…各大さじ1
片栗粉　大さじ1/2
揚げ油…適量

**1**　すずきは塩をふって10分ほどおき、水けを拭き取って片栗粉をまぶす。
**2**　フライパンに揚げ油を高さ1～2㎝まで注ぎ、ピーマン、れんこんを揚げる。取り出して**1**を揚げ焼きにし、油をきって野菜とともに器に盛る。
**3**　耐熱ボウルに**A**を混ぜ合わせ、電子レンジで30秒加熱する。取り出して混ぜ、さらに20～30秒加熱して混ぜて（加熱が足りないときはさらに10～20秒加熱する）**2**にかける。好みで白髪ねぎをのせる。
＊　甘酢あんは少量なので電子レンジが便利ですが、底がダマになりやすいのが難点。よく混ぜ、透明感が出るくらいまで加熱します。

## たらとチンゲン菜の塩炒め

材料（2人分）
たら（ひと口大に切る）…2切れ
塩・こしょう…各適量
片栗粉…適量
チンゲン菜（縦4等分に切る）…1袋
**A**
鶏ガラスープの素…小さじ1
酒・みりん…各大さじ1
水…大さじ1～2
ごま油…大さじ2

**1**　たらはしっかりめに塩をふって10分ほどおく。水けを拭き取り、片栗粉をまぶす。
**2**　フライパンにごま油を熱し、たらを焼く。両面焼いたらいったん取り出す。
**3**　**2**のフライパンにチンゲン菜を加え、さっと炒めて**A**を加える。たらを戻し、塩、こしょうで味をととのえる。器にチンゲン菜を丸くのせ、真ん中にたらをのせる。好みで粗びき黒こしょうをふる。
＊　隠し味はみりん。甘みを少し加えると、カドがとれた、まろやかな塩味になりますよ。下味の塩は、しっかりめにつけるとおいしい。

脂がのったおいしい切り身で

# さわら・ぶりのおかず

## さわらのマスタードソテー

材料（2人分）
さわら（2～3等分に切る）…2切れ
じゃがいも（厚めの輪切り）…1個
塩・小麦粉…各適量
A｜マヨネーズ…小さじ2
　｜粒マスタード…小さじ1
ベビーリーフ…適量
サラダ油…大さじ1～2

**1**　じゃがいもは水にさらし、水けをきってラップに包む。電子レンジで約1分加熱する。
**2**　さわらは水けを拭き取り、皮目を下にして混ぜ合わせたAを塗る。小麦粉を薄くふる。
**3**　フライパンにサラダ油小さじ2を熱し、じゃがいもを焼く。軽く塩をふって取り出す。
**4**　残りのサラダ油を加え、さわらのソースがついている側を下にして焼く。焼き色がついたら裏返して焼く。器に盛り、じゃがいも、ベビーリーフを添える。
＊　焼くときはあまり動かさないで。焦げ目がついてカリッとするくらいまで焼くといいです。粒マスタードの代わりにカレー粉を混ぜても。

## さわらのムニエル カリカリパン粉がけ

材料（2人分）
さわら（半分に切る）…2切れ
塩・小麦粉…各適量
こしょう…少々
にんにく（みじん切り）…1片
パン粉…大さじ3
バター…15g
ブロッコリースプラウト（根元を切る）…適量

**1**　さわらは水けを拭き取り、塩、こしょうをふって薄く小麦粉をまぶす。
**2**　フライパンにバター半量を溶かし、さわらを焼く。火が通ったら取り出して器に盛る。
**3**　フライパンの汚れを拭き、残りのバター、にんにくを入れて火にかける。香りが出てきたらパン粉を加えてきつね色になるまで炒め、塩少々をふってさわらにかける。ブロッコリースプラウトを添える。
＊　バターは控えめですが、ガーリック入りのパン粉で風味がアップ。パン粉には好みのハーブを入れるといっそう風味が増しますよ。

春のさわら。冬のぶり。どちらも、食卓に季節を呼び込みたいときに欠かせません。定番の西京焼きや照り焼きに飽きたら、こんな変わりダネも試してみては？

## ぶりの
## ガーリックバターしょうゆソテー

材料（２人分）
ぶり（３～４等分に切る）…２切れ
塩・小麦粉…各適量
にんにく（薄切り）…１片
バター…10ｇ
**A** ｜水・しょうゆ…各大さじ１
　｜みりん…小さじ１
水菜（３㎝幅に切る）…適量
サラダ油…小さじ１

**1**　ぶりは塩をふって10分ほどおき、水けを拭き取って薄く小麦粉をまぶす。
**2**　フライパンにサラダ油、バター半量を溶かし、にんにくを中火で炒める。香りが出てきたらぶりを並べて両面をこんがりと焼き（途中、にんにくが焦げてきたら取り出す）、**A**、残りのバターを加えてからめる。
**3**　器に盛り、水菜を添える。
＊　にんにくが焦げやすいので、焦げてきたら途中で取り出し、最後にトッピングします。しっかりした味つけなので、白いご飯によく合います。

## ぶりカツ

材料（２人分）
ぶり…２切れ
塩…適量
小麦粉・溶き卵・パン粉…各適量
大根おろし…３㎝分
青じそ（せん切り）…２枚
揚げ油・ポン酢しょうゆ…各適量

**1**　ぶりは塩をふり、10分ほどおく。水けを拭いて薄く小麦粉をまぶす。溶き卵、パン粉の順にころもをつける。
**2**　鍋に揚げ油を170℃に熱し、**1**をきつね色に揚げる。
**3**　器に盛り、大根おろし、青じそをのせる。好みで白いりごまをふり、食べるときにポン酢しょうゆをかける。
＊　ぶりの切り身は、切らずに、大きく作ったほうがボリューム感が出ておすすめです。発祥の佐渡風に、丼にしても。

食卓が華やかになる

# えび・かき・かにのおかず

魚ではボリュームが足りない、食卓が寂しいというときは、豪華に見えるこれらの食材が大活躍。栄養満点のかきも、冬にははずせません。

## えびの
## レモンしょうゆ炒め

材料（2人分）
えび（背ワタを取る）…10尾（約250ｇ）
A｜サラダ油…大さじ1
　｜塩…少々
にんにく（みじん切り）…1片
赤唐辛子（小口切り）…1本
B｜酒…大さじ1
　｜しょうゆ・みりん…各小さじ1
レモン…1/4個
生クリーム…大さじ1
ラー油…適量
香菜（ざく切り）…適量
サラダ油…大さじ1

**1**　ボウルにえび、**A**を入れてもみ込み、10分ほどおく。**B**は混ぜ合わせておく。
**2**　フライパンににんにく、赤唐辛子、サラダ油を入れて火にかけて、香りが出てきたらえびを加えて炒める。色が変わってきたら**B**を加えて炒める。
**3**　レモンを絞り、味をみて塩少々（分量外）でととのえる。火を止めて生クリーム、ラー油を加え、全体を混ぜ合わせる。器に盛り、香菜を散らす。好みで半月切りのレモンを添える。
＊　えびの殻からうまみが出るので、殻ごと炒めます。生クリームは火を止めてから加えて。

# えびのれんこんはさみ焼き

材料（8個分）
えび…8尾（約200g）
長ねぎ（みじん切り）…1/4本
A　卵白…大さじ1
　片栗粉…大さじ1
　塩…少々
れんこん（輪切り・計16枚）
…200g
片栗粉・サラダ油…各適量

**1**　えびは殻をむいて背ワタを取り、包丁でたたく。れんこんは水にさらす。
**2**　ボウルにえび、長ねぎ、**A**を入れて混ぜ、8等分にして丸める。
**3**　れんこんの水けを拭いて片栗粉を薄くまぶし、**2**を軽くつぶすようにはさむ（計8個）。
**4**　フライパンにサラダ油を熱し、**3**を焼く。裏返したらふたをして弱火で5～8分蒸し焼きにする。器に盛り、好みで塩を添える。
＊　えびは少し食感が残ったほうがおいしいので、粗めにたたいても大丈夫。

# かにクリームコロッケ

材料（8個分）
かに缶…小1缶（65g）
牛乳…適量
バター…25g
玉ねぎ（みじん切り）…1/4個
エリンギ（みじん切り）…1本
小麦粉・塩…各適量
A　小麦粉…大さじ5
　水…大さじ3～4
パン粉・揚げ油…各適量

**1**　かに缶は身と漬け汁を分け、漬け汁は牛乳を加えて3/4カップにする。
**2**　フライパンにバターを溶かし、玉ねぎ、エリンギを炒める。しんなりしてきたら小麦粉大さじ3と1/2（30g）をふり入れてよく炒める。
**3**　**1**の牛乳を少しずつ加えながらその都度よく混ぜ、かにの身を加えて混ぜる。塩で味をととのえたらバットなどに広げ、ラップをかけてよく冷やす。
**4**　**3**を8等分し、手にサラダ油をつけて俵形に成形し、小麦粉を薄くまぶす。混ぜ合わせた**A**にくぐらせてパン粉をつけ、形を整える。
**5**　鍋に揚げ油を180℃に熱し、**4**を2～3個ずつ入れてきつね色に揚げる。器に盛り、好みのソースをかける。
＊　水の分量でたねの扱いやすさが変わります。水分はちゃんと計量を。揚げるときは温度が下がらないように少量ずつ。

# かきと白菜のあっさりシチュー

材料（2人分）
かき（むき身）…200g
バター…15g
ベーコン（細切り）…2枚
白菜（ざく切り）…1～2枚
しめじ（石づきを取りほぐす）
…1/2パック
小麦粉…適量
牛乳…1と1/4～1と1/2カップ
塩・こしょう・粗びき黒こしょう
…各適量

**1**　フライパンにバター5gを溶かし、ベーコン、白菜、しめじを炒める。しめじがしんなりしてきたら軽く塩、こしょうをふっていったん取り出す。
**2**　フライパンに残りのバターを溶かし、薄く小麦粉をまぶしたかきを焼く。表面に焼き色がついたら**1**を戻し入れ、牛乳を加えて2～3分煮る。塩、粗びき黒こしょう各少々で味をととのえる。好みで粉チーズをふる。
＊　とろみづけは、かきにまぶした小麦粉だけ。かきは表面に焼き色をつけ、牛乳を加えてから少し煮込むくらいでOK。

いつもおうちにある！

# 定番野菜のおかず

メインからサブ、つけ合わせ、サラダ、あえものと、マルチに使いまわせる定番野菜。少ない材料で作れるレシピを知っていれば、食材不足のときも役立ちます。

長もちするから便利 **じゃがいも**

## 豚肉とじゃがいものキムチ炒め

材料（2人分）
じゃがいも（半月切り）…1個
豚バラ薄切り肉（ひと口大に切る）…150g
もやし…1/2袋
白菜キムチ…100g
しょうゆ…大さじ1前後
青ねぎ（または万能ねぎ・3㎝長さに切る）…4本
サラダ油…小さじ1

**1**　じゃがいもは耐熱容器に入れ、水大さじ1（分量外）をかけてラップをし、電子レンジで2分加熱する。

**2**　フライパンにサラダ油を熱し、豚肉を炒める。肉の色が変わったらじゃがいも、もやし、キムチを加えて炒め合わせる。しょうゆで味をととのえ、青ねぎを加える。

*　白いご飯にとても合うおかず。ホクホクの甘いじゃがいもで、キムチの辛さがマイルドになります。

# ポテトとブロッコリーのガーリック炒め

材料（2人分）
じゃがいも…2個
ブロッコリー…1/2株
にんにく（薄切り）…1片
A ｜顆粒コンソメ…小さじ1/4
　｜水…大さじ1
塩・こしょう…各適量
オリーブ油…小さじ2

**1**　じゃがいもは皮つきのまま洗ってラップに包み、電子レンジで2分加熱する。裏返して1～2分加熱し、そのまま5分ほどおく。皮をむいて8等分に切る。
**2**　ブロッコリーは小房に分け、茎の部分は皮を厚めにむいて棒状に切る。
**3**　フライパンにオリーブ油、にんにくを入れて火にかけ、香りが出てきたらブロッコリーを炒める。**A**を加えてふたをし、弱火で2～3分蒸し焼きにする。
**4**　じゃがいもを加えて水分をとばすように炒め、塩、こしょうで味をととのえる。器に盛り、好みで粗びき黒こしょうをふる。
＊　ブロッコリーは食感を出すために、下ゆでなしで生から炒めます。茎の部分も甘くておいしいので、棒状に切って入れてくださいね。

# じゃがバタコーン

材料（2人分）
じゃがいも（4～8等分に切る）
　…3個
A ｜コーン缶…小1缶（60g）
　｜塩…小さじ1/2
　｜バター…10g

**1**　鍋にじゃがいもを入れ、ひたひたに水を注いで火にかける。煮立ったら弱火で10分ほど煮る。
**2**　やわらかくなったら湯をきり、**A**を加えて水分をとばすように全体を混ぜる（ふたをして鍋全体をゆすっても）。
＊　絶対はずれない王道の組み合わせ！　塩加減は目安なので、じゃがいもの大きさに合わせて調整して。こってり味が好きなら、バター多めでも。

# 粉ふきいもの青じそオイルソースがけ

材料（2人分）
じゃがいも（8等分に切る）…2個
青じそオイルソース（作り方P106）
　…適量

**1**　鍋にじゃがいもが半分隠れるくらいの水を入れて火にかける。煮立ったら弱火で10分ほど煮る。
**2**　やわらかくなったら湯を捨て、ふたをして鍋をゆすりながら水分をとばす。器に盛り、青じそオイルソースをかける。
＊　“きたあかり”という品種で作ると、ほっこほこ！　少ない水で煮るのがポイントですが、水分が足りなくなるようなら途中で適宜足して。

彩りもきれい！ にんじん

# にんじんフライ

材料（2人分）
にんじん（縦8等分に切る）
…細め1本
塩…少々
小麦粉・パン粉（細かめ）
…各適量
揚げ油・ソース…各適量

**1**　にんじんは塩をふってラップをかけ、電子レンジで2分加熱する（または蒸し器などで蒸す）。

**2**　水けを拭き、小麦粉、水溶き小麦粉（小麦粉大さじ4：水大さじ3～4）、パン粉の順にころもをつける。

**3**　フライパンに揚げ油を熱し、にんじんを揚げる。器に盛り、好みでソースをつけて食べる。

＊　ころもがつきにくいので、溶き卵よりもしっかりまぶせる水溶き小麦粉がおすすめ。細かめのパン粉を使うと上品な仕上がりです。

# 焼きにんじん

材料（2人分）
にんじん（長めの細い乱切り）…1本
にんじんドレッシング（作り方P106）
　…適量
サラダ油…小さじ1

**1**　フライパンにサラダ油を熱し、弱火～中火でにんじんをこんがり焼く。
**2**　器に盛り、にんじんドレッシングをかける。
＊　にんじんは少し焼き目をつけるように、こんがりと焼いて。ドレッシングは好みのものでもよいですが、Wにんじんが意外にはまりますよ！

# にんじんのグラッセ

材料（作りやすい分量）
にんじん…細め2本
砂糖…大さじ1前後
塩…少々
バター…5g

**1**　にんじんは厚めの輪切りにし、面取りする。
**2**　鍋に、にんじん、ひたひたの水を加えて火にかけ、沸騰したら砂糖を加え、弱火で15～20分ほど煮る。
**3**　煮汁がほとんどなくなったら、塩、バターを加え、全体にからめるように混ぜる。
＊　少ないゆで汁でゆっくりと、汁けが残らないくらいに煮るとつやつやに！　にんじんの甘みも増します。にんじんは細めのものを選んで。

# にんじんのツナおかかあえ

材料（2人分）
にんじん（ピーラーで薄くむく）…1本
ツナ缶（オイル漬け）…1/2缶
かつお節…5g
しょうゆ…小さじ1/2

**1**　ボウルにんじん、ツナ缶、かつお節を入れ、しょうゆであえる。
**2**　器に、好みでブロッコリースプラウトを敷き、**1**を盛る。
＊　作りたてはややかたく、シャキッとした感じですが、少し時間をおくとしんなり。どちらもおいしく食べられます。敷く野菜は好みのもので。

# 玉ねぎのカレーピカタ

材料（2人分）
玉ねぎ（1㎝厚さの輪切り）…小2個
しょうゆ…少々
小麦粉…各適量
**A** | 卵…1個
　| 粉チーズ…大さじ2
　| カレー粉…小さじ1/2
バター…5 g

**1**　玉ねぎはバラバラにならないように、爪楊枝で留める。表面にしょうゆをかけ、薄く小麦粉をまぶして混ぜ合わせた**A**にくぐらせる。

**2**　フライパンにバターを溶かし、玉ねぎを弱～中火でじっくり焼く。ころもがついたら裏返して両面を焼く。

*　ころもがはがれやすいので、焼くときはあまり動かさないこと。弱火～中火でじっくり焼いてください。大きい玉ねぎは半分に切って。

# 豚肉と玉ねぎのから揚げ

材料（2人分）
玉ねぎ（薄切りにして水にさらす）
…1/4個
豚薄切り肉（3～4等分に切る）
…100g
A｜酒…大さじ1/2
　｜しょうゆ…小さじ1
溶き卵…大さじ1
片栗粉・揚げ油…各適量

**1**　ボウルに豚肉、**A**を入れてもみ込み、水けを拭いた玉ねぎ、溶き卵を加えて混ぜる。片栗粉をたっぷりまぶし、大きめのひと口大にまとめる。
**2**　フライパンに揚げ油を170℃に熱し、**1**をきつね色に揚げる。油をきって器に盛り、好みで塩、ライムなどを添える。
＊　揚げた玉ねぎが甘いので、ほぼ味つけ不要。フライパンで、少なめの油で揚げるといいですよ。片栗粉は、粉っぽさが残るくらいたっぷりとまぶしましょう。

# 新玉ねぎの丸ごと焼き

材料（2人分）
新玉ねぎ…小2個
バター・かつお節・しょうゆ
…各適量

**1**　新玉ねぎは根をつけて縦半分に切り込みを入れ、アルミホイルで包む。オーブントースターで40～60分焼く。
**2**　器に盛り、バター、かつお節を順にのせ、しょうゆをかける。
＊　トースターで30分以上、じっくり焼くとおいしい。オーブンでもOK。肉を焼くときなどに一緒に入れて、つけ合わせにしても。

# 玉ねぎのベーコン巻き

材料（2～3人分）
玉ねぎ（6等分のくし形切り）
…1/2個
ベーコン…6枚
粗びき黒こしょう…適量
サラダ油…適量

**1**　玉ねぎ1切れをベーコン1枚で巻き、爪楊枝で留める。残りも同様にして作る。
**2**　フライパンにサラダ油を熱し、弱めの中火で片面7～8分ずつじっくり焼く。器に盛り、粗びき黒こしょうをふる。
＊　じっくり焼くと、玉ねぎの甘さがしっかり引き出されます。ベーコンの塩けとうまみで十分なので、仕上げは黒こしょうだけでOK。

食物繊維もたっぷりとれる

# 根菜のおかず

秋から冬の定番野菜といえば、ごぼう、れんこん、大根などの根菜類。食べやすく切ったり、味つけをしっかりめにすると家族も喜ぶおかずになります。

## 豚肉とれんこんのごまみそ炒め

材料（2人分）

れんこん（半月切りにして水にさらす）…1/2節（100ｇ）

豚薄切り肉（ひと口大に切る）…200ｇ

**A** 酒…大さじ1
しょうゆ…小さじ1

**B** 酒・砂糖・みそ…各大さじ1
しょうゆ・白練りごま…各大さじ1/2

万能ねぎ（小口切り）・黒いりごま…各適量

ごま油…小さじ2

**1**　ボウルに豚肉、**A**を入れてもみ込む。

**2**　フライパンにごま油小さじ1を熱し、れんこんを炒める。油がまわったらいったん取り出す。

**3**　ごま油小さじ1を加え、豚肉を炒める。肉の色が変わってきたられんこんを戻し入れ、**B**を加えて炒め合わせる。器に盛り、万能ねぎを散らし、黒いりごまをふる。

＊　ごまとみそのコクがたまりません。れんこんの代わりに玉ねぎやなすで作っても。**B**の合わせ調味料に、にんにくを加えてもおいしい。

## ごぼうののり塩きんぴら

材料（2人分）
ごぼう（ささがきにして水にさらす）
…1/2本
塩…少々
青のり…小さじ1/2
バター…5g
サラダ油…小さじ1

フライパンにバター、サラダ油を熱し、水けをきったごぼうを炒める。しんなりしてきたら塩で味をととのえ、青のりをふる。
＊ ごぼうをバターで炒めることで、さっぱりした塩味に風味とコクが加わります。さめてもおいしいので、お弁当や常備菜にもぴったりです。

## 大根ステーキ

材料（4人分）
大根…12cm
バター…15g
A みりん・しょうゆ・水
…各大さじ1
青じそ（せん切り）…4枚

1 大根は3cm幅の輪切りにし、格子状に切り込みを入れる。
2 フライパンにバター5gを溶かし、大根を焼く。薄く焼き色がついたらふたをして、弱火で15〜20分蒸し焼きにする。
3 裏返してバター5gを加え、同様にして蒸し焼きにする。竹串がすっと通るくらいになったら取り出して器に盛る。
4 フライパンにバター5g、Aを入れて軽く煮つめ、大根にかけて青じそをのせる。
＊ 守ってほしいのは、じっくりじっくり、焼くこと。甘みが断然違います。たれにゆずの絞り汁を少し入れたり、黒こしょうをたっぷりふっても。

## 新ごぼうのくるみ揚げ

材料（4人分）
新ごぼう…1本
しょうゆ…小さじ2
A くるみ（粗く刻む）…20g
小麦粉…大さじ4
水…大さじ3
ベーキングパウダー
…小さじ1/4
揚げ油…適量

1 ごぼうは5〜6cm長さに切り、縦2〜4等分に切る。ポリ袋に入れてしょうゆを加え、空気を抜いて口を閉じ、10分ほどおく。Aは混ぜておく。
2 フライパンに揚げ油を高さ1〜2cmほど注いで火にかける。汁けをきったごぼうをAのころもにくぐらせ、揚げる（落ちたくるみものせる）。
＊ 揚げるときにくるみが落ちやすいけど、あとでのせれば大丈夫。鍋が深いとくるみがのせにくいので、フライパンで少なめの揚げ油がおすすめ。

ビタミンたっぷり

# 葉ものおかず

白菜やキャベツ、ほうれん草などの葉ものは、加熱や塩もみでしんなりさせると、食べやすくなります。旬の時期は安いので、上手に活用したいですね！

## かきとほうれん草のバターソテー

材料（２人分）
サラダほうれん草（根元を切る）
…１袋
かき…150ｇ
酒…大さじ１
塩・こしょう…各適量
バター…15ｇ

**1**　フライパンにバター半量を溶かし、ほうれん草を炒める。塩、こしょう各少々をふり、器に広げる。

**2**　フライパンをさっと拭いて残りのバターを溶かし、かきを炒める。酒をふってふたをし、弱火で１～２分蒸す。塩、こしょうで味をととのえ、ほうれん草にのせる。

*　かきのうまみを、ほうれん草にたっぷりからめていただきます。さらにコーンを加えると甘さが加わって彩りよく仕上がります。

## 白菜の塩ごましらすあえ

材料（２～３人分）
白菜（せん切り）…1/8個
きゅうり（せん切り）…1/2本
塩…小さじ1/2
**A** しらす…30ｇ
ごま油…大さじ１
白いりごま…小さじ２

ボウルに白菜、きゅうり、塩を入れてもみ込み、10分ほどおく。水けを軽く絞り、**A**を加えてあえる。器に盛り、好みで白いりごまをふる。

＊　シンプルな味つけなのに、やみつきになるおいしさ。白菜は中心のやわらかい部分を使って。しらすのかわりに、カリカリじゃこをかけても。

## おかかキャベツの焼きいなり

材料（２人分）
キャベツ…1/4個
**A** かつお節…３ｇ
しょうゆ…小さじ１
油揚げ（半分に切る）…２枚
ごま油…小さじ１

**1**　キャベツはラップに包み、電子レンジで４～５分加熱する。粗熱を取って短冊切りにし、**A**であえる。油揚げに詰めて爪楊枝で閉じる。
**2**　フライパンにごま油を熱し、**1**を並べて両面に焼き色をつける。
**3**　器に盛り、食べるときに好みでしょうがじょうゆをつける。

＊　キャベツが入りきらなかったら、そのまま食べてもいいですよ。（好みで味を足して）ピザ用チーズをキャベツと一緒に詰めてもおいしい。

## 春菊の揚げしらすのせ

材料（２人分）
春菊（葉を摘んでざく切り）
…約100ｇ
玉ねぎ（薄切りにして水にさらす）
…1/4個
かつお節…５ｇ
しらす…30ｇ
**A** ポン酢しょうゆ・めんつゆ
（３倍濃縮）…各小さじ１
白いりごま…適量
ごま油…大さじ２

**1**　春菊、玉ねぎの水けをよくきって器に盛り、かつお節をかける。
**2**　フライパンにごま油を熱し、しらすを炒める。少し色づき、カリカリになったら**1**にかける。
**3**　白いりごまをふり、食べるときに混ぜ合わせた**A**をかけて全体をよく混ぜる。

＊　春菊はゆでずに生で食べてもおいしいんです。しらすの塩分によって、**A**の量は調節してください。

おなかにしっかりたまる

# ホクホク野菜のおかず

おいもやかぼちゃなどホクホクした食感の野菜は食べごたえあり！　男性は苦手な方も多いですが、塩味系なら拒否されないはず(笑)。

## フライドパンプキン

材料（２人分）
かぼちゃ（長めの乱切り）
…1/8個
塩・カレー粉…各適量
揚げ油…適量

**1**　フライパンに水けを拭いたかぼちゃを入れ、ひたひたに揚げ油を注いで火にかける。

**2**　竹串がすっと通るくらいになったら火を強め、表面がきつね色になるまで揚げる。油をきって熱いうちに塩とカレー粉をふる。

＊　低温でじっくり揚げ、最後に火を強めるのがコツ。フライパンの底にすき間なく並ぶくらいの量で作ると、油の量も少なくすみます。

## ホクホクおいもスティック

材料（作りやすい分量）
さつまいも…１本
サラダ油…大さじ２
塩・黒いりごま…各適量

**1**　さつまいもは皮ごと棒状に切り、10分ほど水にさらして水けをしっかり拭き取る。
**2**　フライパンにサラダ油、**1**を入れる。ふたをして弱めの中火（パチパチと音がするくらい）で５～10分焼く（途中で数回、全体を混ぜる）。
**3**　竹串が通る程度にやわらかくなったらふたを取って火を強め、焼き色をつけるように炒める。器に盛り、塩、いりごまをふる。
＊　揚げずに、少ない油で蒸し焼きにしているのでヘルシー。あと片づけもラクチンです。もの足りないときは、粉チーズや青のりをふっても。

## 里いもの明太バターあえ

材料（２～３人分）
里いも…４～５個
明太子（またはたらこ・皮を除く）
…1/2腹
バター（角切り）…15ｇ
生クリーム（または牛乳）
…小さじ１
塩…少々

**1**　ボウルに明太子、生クリームを入れてよく混ぜる。
**2**　里いもは両端の皮を切り落とし、皮ごと洗ってラップに包む。電子レンジで３分加熱し、そのまま５分ほどおく。手で皮をむき、２～３等分に切る。
**3**　里いもが熱いうちにバターを加えて混ぜ、**1**を加えてあえる。味をみて塩でととのえる。
**4**　器に好みで青じそを敷き、**3**を盛る。
＊　里いもの余熱でバターを溶かすので、いもが温かいうちにあえて。少し時間をおいたほうが味がなじみます。明太子の代わりにたらこで作っても。

## さつまいものミルク煮

材料（作りやすい分量）
さつまいも
（皮ごと半月～角切りにする）
…１本
牛乳…適量
バター…10ｇ
塩…少々

**1**　鍋にさつまいもを入れ、ひたひたに牛乳を注ぐ。ふたをして弱火で15～20分ほど、やわらかくなるまで煮る（煮始めに数回混ぜて鍋底にくっつかないようにする）。
**2**　バター、塩を加えて混ぜる。
＊　牛乳が吹きこぼれやすいので、深めの鍋で作るといいですよ。鍋底にくっつかないように、煮始めは何度か鍋底からしっかり混ぜて。

旬のおいしさがたっぷり

# 夏野菜のおかず

夏の野菜は、素材そのものがとてもおいしいですよね。だから調理も味つけもシンプルに。余計な手を加えすぎないほうが、うまみが引き立つと思うんです。

## 焼きピーマンのおかかしょうゆ

材料（2人分）
ピーマン…4個
しいたけ（石づきを取り半分に切る）
…4個
かつお節・しょうゆ…各適量
サラダ油…少々

1　ピーマンはヘタと種を取り、洗って水けを拭く。
2　フライパンにサラダ油を熱し、ピーマン、しいたけを焼く。しっかり焼き目をつけたら転がし、しんなりとするくらいまで焼く。器に盛り、かつお節をのせてしょうゆをかける。好みでレモンを絞っても。
＊　シンプルに焼くだけなのに、とってもジューシー！野菜は箸でいじらず、じっくりと焼いて焼き目をつけ、甘みを引き出します。

# 夏野菜ソースのカルパッチョ

材料（2人分）
きゅうり（粗みじん切り）…1/2本
トマト（皮と種を取り、粗みじん切り）…1/8個
玉ねぎ（みじん切りにして水にさらす）…1/8個
**A** 酢・砂糖…各大さじ1
塩…ひとつまみ
まぐろ（刺身用・薄くスライスする）…160g
**B** マヨネーズ…大さじ1
牛乳…大さじ1/2
塩・粗びき黒こしょう…各適量

**1**　ボウルにきゅうり、トマト、玉ねぎ、**A**を混ぜる。**B**はなめらかになるまで混ぜる。
**2**　器にまぐろを盛って軽く塩をふり、**1**の野菜をのせる。**B**のソースをかけて粗びき黒こしょうをふり、好みで刻んだフェンネルを散らす。
＊　火を使わないからラク！　まぐろは冷凍したものを半解凍くらいで切ると、薄くきれいに切れます。ハーブを添えると風味がアップ。

## ラタトゥイユ

材料（3～4人分）
玉ねぎ（角切り）…1/2個
なす
（1㎝厚さのいちょう切りにして水にさらす）
…2本
ズッキーニ
（1㎝厚さのいちょう切り）…1本
黄・赤パプリカ（角切り）…各1個
にんにく（みじん切り）…2片
カットトマト缶…1缶
塩・こしょう…各適量
砂糖…小さじ1/2
オリーブ油…大さじ3

**1**　フライパンにオリーブ油、にんにくを入れて火にかけ、香りが出てきたらなす、玉ねぎ、ズッキーニ、パプリカを加えて炒める。
**2**　全体がしんなりしてきたらトマト缶を加えてつぶし、ふたをして弱火で30分ほど煮る。ときどき全体を混ぜる。塩、砂糖を加えて味をととのえ、こしょうをふる。
*　冷やすと味が落ち着きます。トマトが多めなので、おかずとして食べたら、残りを具だくさんのトマトソースとしてアレンジしても。

## ズッキーニのマヨチーズフライ

材料（2～3人分）
ズッキーニ（5㎜幅の輪切り・計16枚）
…小1本
マヨネーズ…適量
スライスチーズ（4等分に切る）…2枚
小麦粉・溶き卵・パン粉…各適量
揚げ油…適量

**1**　ズッキーニは水にさらし、水けを拭き取る。
**2**　ズッキーニの片面にマヨネーズを塗り、チーズをはさむ。残りも同様にして作り、小麦粉、溶き卵、パン粉の順にころもをつける。
**3**　鍋に揚げ油を160℃に熱し、**2**をきつね色に揚げる。
*　ズッキーニとチーズのとろけるコンビ。ズッキーニにマヨネーズを少し塗ると、コクが出ておいしいんです。チーズは好みで増やして。

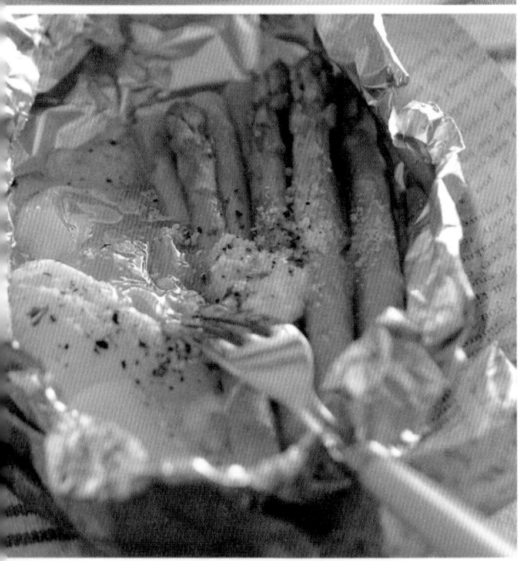

## アスパラのホイル焼き　温玉ソース

材料（2人分）
グリーンアスパラ…4本
バター…10g
温泉卵…2個
塩・粗びきこしょう…各適量

**1**　グリーンアスパラは根元のかたい部分をピーラーでむき、半分に切る。
**2**　アルミホイルにグリーンアスパラ、バターをのせて塩少々をふり、包む。オーブントースターで15分ほど焼く。
**3**　器にのせてアルミホイルを開き、温泉卵を落とす。塩、粗びきこしょう、好みで粉チーズをふる。
*　じっくりと焼くと、甘みが増してますますおいしい。粉チーズがあればたっぷりふってくださいね。またはかつお節としょうゆでも。

## ズッキーニと長ねぎの焼きびたし

材料（2人分）
ズッキーニ
（長さ4等分、縦4等分に切る）…1本
長ねぎ（3㎝長さに切る）…1本
A　めんつゆ（ストレート）
…大さじ3～4
しょうが（すりおろす）…少々
ごま油…大さじ1

**1**　フライパンにごま油を熱し、ズッキーニ、長ねぎを焼く。全体に焼き色がついたら弱火にしてふたをし、1～2分蒸し焼きにする。
**2**　混ぜ合わせた**A**に**1**を漬け、時間があれば冷蔵庫で冷やす。
*　ジューシーなズッキーニと、とろとろの長ねぎの食感が楽しめます。冷やすと味がなじんでさらにおいしい。

## 焼き野菜の青じそオイルソースがけ

材料（２人分）
みょうが（縦半分に切る）…４本
オクラ（ガクを取り縦半分に切る）…４本
ミニトマト…６個
サラダ油…大さじ１
青じそオイルソース（作り方P106）
…適量

**1**　ボウルに野菜を入れ、サラダ油を加えてまぶす。
**2**　魚焼きグリルに**1**を並べて焼く。器に盛り、青じそオイルソースをかける。
＊　サラダ油をまぶしてから焼いてみて。乾燥しないで、きれいに焼き上がります。青じそオイルソースのほか、かつお節としょうゆでも。

## きゅうりのえのきあえ

材料（２人分）
きゅうり（薄い輪切り）…２本
塩…少々
えのきだけ（石づきを切り３等分にする）
…1/2袋
**A**｜めんつゆ（２倍濃縮）…小さじ２～３
｜白いりごま……適量

**1**　きゅうりは塩でもんで５分ほどおく。えのきだけは耐熱皿にのせてラップをかけ、電子レンジで１分加熱する。取り出してラップを取り、さます。
**2**　きゅうりの水けを軽く絞ってボウルに入れ、えのきだけ、**A**を加えて混ぜる。
＊　さっぱりさせたいときは酢を、コクが欲しいときはごま油を加えてあえても。めんつゆによって味加減が変わるので、適宜調節して。

## トマトのチーズソテー

材料（２人分）
トマト（１cm厚さの輪切り）…１個
小麦粉…大さじ１前後
粉チーズ…大さじ２
バター…10ｇ
粗びき黒こしょう・パセリ
（みじん切り）…各適量

**1**　トマトはペーパータオルで押さえて水けを拭き取る。茶こしで両面に薄く小麦粉をまぶし、粉チーズをふる。
**2**　フライパンにバターを溶かし、トマトを強めの中火でさっと焼く。両面にこんがり焼き色がついたら器に盛り、粗びき黒こしょう、パセリをふる。
＊　トマトは水分が多いので、ペーパータオルでよく拭いてから小麦粉をまぶして。やや強めの火加減でさっと焼くと香ばしい。

## ししとうの青じそみそ天

材料（２人分）
ししとう
（縦に切り込みを入れて種を取る）…６個
青じそ…６枚
みそ…適量
**A**｜小麦粉・片栗粉…各大さじ１
｜ベーキングパウダー…少々
｜水…大さじ１
揚げ油…適量

**1**　ししとうにみそ少々を塗り、青じそで巻いて竹串に刺す。青じその形がなじむまで10～20分ほどおく。
**2**　ボウルに**A**を混ぜ、**1**を竹串からひとつずつ取り出してころもにくぐらせる。
**3**　鍋に揚げ油を180℃に熱し、**2**を揚げる。
＊　ころもにはベーキングパウダーを少し入れると、サクッと仕上がります。揚げにくければ、竹串や爪楊枝などに刺したまま揚げても。

リーズナブルでヘルシー

# 豆腐のおかず

うちでは、メインよりも小鉢や常備菜などちょっとしたサブおかずに使うことが多いかもしれません。木綿豆腐は冷凍保存もできますし、何かと便利ですよね。

## 豆腐とあさりのキムチ煮

材料（2人分）
絹ごし豆腐（8等分に切る）…1丁
A｜水…3/4カップ
｜酒…大さじ2
｜みりん…大さじ1
あさり（砂抜きして洗う）…200g
白菜キムチ…100g
みそ…大さじ1前後
青ねぎ（または万能ねぎ・3～4cm長さに切る）…5本

1　鍋にAを入れて火にかけ、沸騰したら豆腐、あさりを加える。ふたをして強めの弱火で煮る。
2　あさりの口が開いたらキムチを加えて軽く煮込み、みそを溶き入れる。器に盛り、青ねぎを添える。
＊　うまみ豊富なキムチとあさりを一緒に煮込んで、コクとボリューム感をアップ。おいしいスープごと、ご飯にのせてもおいしいですよ。

# しっとりうの花

材料（作りやすい分量）
生おから…150ｇ
にんじん（せん切り）…1/4本
水煮ひじき…25ｇ
長ねぎ（小口切り）…1/2本
油揚げ（せん切り）…1/2枚
A だし汁…１カップ
しょうゆ…大さじ１と1/2
みりん…大さじ１と1/2
さやいんげん
（塩ゆでして斜め切り）…５本
塩…少々
卵…１個
サラダ油…大さじ１

1　フライパンにサラダ油を熱し、にんじん、ひじき、長ねぎを炒める。しんなりしてきたらおから、油揚げを加えてさらに炒める。
2　おからがほぐれたら、Aを加えてふたをし、５分ほど煮る。軽く水分をとばしながら混ぜ、さやいんげんを加えて塩で味をととのえる。
3　溶き卵を加えて、手早く混ぜ合わせる。
＊　ポイントは、たっぷりのだし汁と最後の卵。だし汁は鶏の蒸し汁、干ししいたけのもどし汁など、うまみの多いものを使うと、よりいい味になります。

# ひじきと厚揚げの煮もの

材料（２～３人分）
乾燥ひじき（水でもどす）…６ｇ
にんじん（せん切り）…1/3本
えのきだけ
（根元を切り４等分に切る）…1/2袋
厚揚げ（短冊切り）…1/2枚
A だし汁…1/4カップ
みりん・酒・しょうゆ
…各大さじ１
砂糖…小さじ１
白いりごま…小さじ１
サラダ油…小さじ１

1　フライパンにサラダ油を熱し、にんじん、えのきだけを炒める。しんなりしてきたらひじき、厚揚げを加えてさっと炒め、Aを加えてふたをして５分ほど煮る。
2　ふたを取り、軽く煮つめて白いりごまをふる。
＊　油揚げの代わりの厚揚げでボリュームアップ！　えのきだけも入れるとおいしいですよ。やや甘めの味なので、好みで砂糖を減らしても。

# 凍り豆腐の揚げだし

材料（２人分）
冷凍した木綿豆腐…1/2丁
片栗粉…適量
めんつゆ（ストレート）…適量
大根おろし・しょうが（すりおろす）
…各適量
揚げ油…適量

1　冷凍した豆腐は冷蔵庫に１～２日ほどおいて自然解凍する。水けを軽く絞って１㎝幅に切り、水けを拭いて片栗粉を薄くまぶす。
2　鍋に揚げ油を170℃に熱し、豆腐を揚げる。器に盛り、めんつゆをかける。大根おろしをのせ、しょうが、好みでスプラウトを添える。
＊　パックごと冷凍した豆腐は、まるで高野豆腐の食感。解凍はゆっくり時間をかけて。あまり動かさずに揚げるところもがしっかりつきます。

みんな大好き

# 卵のおかず

家族も私も大好きな卵料理。蒸したり、焼いたり、炒めたり…。いろんな食感を楽しんでみてください。特にごちそう茶碗蒸しは、わが家で大好評でした！

## 帆立のごちそう茶碗蒸し

材料（4人分）
卵…3個
**A** だし汁…2と1/4カップ
　みりん…大さじ1
　しょうゆ…大さじ1/2
　塩…ふたつまみ
水…1カップ
帆立缶…1缶
**B** しょうゆ…小さじ1/2
　塩…少々
水溶き片栗粉…適量
三つ葉（細かく刻む）…適量

**1**　ボウルに卵を溶きほぐし、**A**を加えて混ぜる。ざるなどでこし、器に静かに流し入れてアルミホイルでふたをする。
**2**　深さのあるフライパンか鍋に**1**を入れ、器の半分ほどの高さまで水（分量外）を入れてふたをする。強火にかけ、沸騰してきたら中火で2分、表面に薄い膜がはったら弱火で10～15分蒸す（器をゆすって、卵液が固まっていればよい）。
**3**　小鍋に水、帆立缶を缶汁ごと入れて火にかけ、沸騰したら**B**を加える。水溶き片栗粉を加えてとろみをつけ、三つ葉を加えて**2**にかける。
＊　初めは強火、表面に薄い膜が張ったら弱火で蒸します。大きい器でうまく蒸せなかったら、小さい器に分けて、蒸し時間を短めにして作っても。

## じゃがいもとベーコンのオムレツ

材料（4人分）
卵…4個
じゃがいも（角切り）…1個
ベーコン（5㎜幅に切る）…1枚
玉ねぎ（角切り）…1/2個
塩・こしょう…各少々
サラダ油…大さじ3

**1**　直径20㎝のフライパンにサラダ油大さじ1を熱し、じゃがいも、ベーコン、玉ねぎを炒める。油がまわったらふたをして、弱火で10～15分蒸し焼きにする。ときどき混ぜ、取り出してさます。
**2**　ボウルに卵を溶きほぐし、**1**、塩、こしょうを加えて混ぜる。
**3**　フライパンにサラダ油大さじ2を熱し、**2**を流し入れる。全体を大きく混ぜて半熟状になったらふたをし、弱火で10～15分蒸し焼きにする。
**4**　固まってきたらフライパンに器をかぶせてひっくり返し、そのまま滑らすようにしてオムレツをフライパンに戻す。ふたをしてさらに5分ほど焼く。
＊　野菜をじっくり蒸し焼きにして、甘さを出すのがポイント。サラダ油を多めに入れると焼きやすくなります。好みでケチャップをかけても。

## レタスとしらすのふんわり卵炒め

材料（2人分）
卵…1個
レタス（ひと口大にちぎる）…1/2個
A｜塩…少々
　｜砂糖…ひとつまみ
　｜水…大さじ1
しらす…25g
塩…適量
サラダ油…大さじ1

**1**　ボウルに卵を溶きほぐし、**A**を加えて混ぜる。
**2**　フライパンにサラダ油半量を熱し、**1**を流し入れる。全体に大きく混ぜ、半熟状になったらいったん取り出す。
**3**　フライパンに残りのサラダ油を熱し、レタスを炒める。半分ほどしんなりしてきたらしらすを加え、**2**を戻し入れて混ぜ合わせる。塩で味をととのえる。好みで粗びき黒こしょうをふる。
＊　卵に水を加えると、ふんわりとした仕上がりに。レタス半玉と多めですが、炒めるとかさが減ります。半生くらいで火を止めて食感を残して。

## たけのことひき肉の卵とじ

材料（2人分）
卵（溶きほぐす）…2個
鶏ひき肉…100g
水煮たけのこ（ひと口大の薄切り）…150g
A｜だし汁…1/2カップ
　｜みりん…大さじ1と1/2
　｜しょうゆ…小さじ2～3
　｜塩…少々
サラダ油…小さじ1

**1**　フライパンにサラダ油を熱し、ひき肉を炒める。パラパラにほぐれたら、たけのこを加えてさらに炒める。
**2**　**A**を加え、沸騰したらふたをして弱火で5分ほど煮る。中火にして溶き卵を2回に分けて流し入れ、固まり始めたらふたをして火を止める。30秒ほど蒸らす。
**3**　器に盛り、好みで木の芽を散らす。
＊　たけのこを煮たあと、火を止めてそのまま10～15分くらいおくと、しっかり味がしみます。旬の季節は生たけのこ（下ゆでする）でぜひ。

見た目もきれいで食卓が華やぐ

# デリ風サラダ & ごちそうスープ

Salad & Soup

うちの食卓は、量を控えめにして
品数多く出すスタイル。
そこに欠かせないのが、
野菜たっぷりのサラダとスープです。
デリ風に見栄えよく組み合わせたり、
具だくさんにしてみたり、
小さな工夫で、家族が楽しく
野菜がとれるとうれしいですね！

# じゃがいもとサーモンの ヨーグルトドレッシングサラダ

材料（2人分）
じゃがいも（輪切り）…1個
玉ねぎ（薄切り）…1/8個
レタス（ひと口大にちぎる）…2枚
ベビーリーフ…1袋
スモークサーモン（食べやすい大きさに切る）…50g
ヨーグルトドレッシング（作り方P107）…全量
粗びき黒こしょう…適量

**1** じゃがいも、玉ねぎは水にさらす。
**2** 耐熱容器に軽く水けをきったじゃがいもを入れ、ラップをかけて電子レンジで2分加熱する。取り出してさましておく。
**3** ボウルにレタス、ベビーリーフ、水けをきった玉ねぎ、じゃがいも、スモークサーモンを入れてざっくり混ぜる。
**4** 器に盛り、粗びき黒こしょうをふる。好みでフェンネルを散らし、ヨーグルトドレッシングをかける。
＊ じゃがいもとサーモンの定番の組み合わせ。ドレッシングに混ぜたしょうゆが隠し味です。1～2回くり返してよく混ぜると分離しなくなりますよ。

Salad

デリ風サラダ

デパ地下で買うより
ずっとリーズナブル！

## 春色お豆のポテトサラダ

材料（2～3人分）
じゃがいも（8等分に切る）…2個
酢…小さじ1
A　砂糖…小さじ1
　塩・こしょう…少々
玉ねぎ（みじん切り）…1/8個
グリーンピース（さやつき）
…10本
ゆで卵（粗みじん切り）…2個
ハム（半分に切って細い短冊切り）
…2枚
マヨネーズ…大さじ1～2
パセリ（みじん切り）…適量

**1**　鍋にじゃがいも、ひたひたの水を入れて､15～20分ゆでる。やわらかくなったら湯を捨て、熱いうちに酢を加えてつぶしながら混ぜる。**A**で調味する。
**2**　玉ねぎは水にさらし、グリーンピースはさやから出して塩ゆでする。ともによく水けをきる。
**3**　**1**に玉ねぎ、グリーンピース、ゆで卵、ハムを加え、マヨネーズ、好みで粒マスタード小さじ1（分量外）を加えてあえる。器に盛り、パセリを散らす。
＊　ポテトサラダのおいしさの決め手は、じゃがいもの下味つけ。しっかり調味料を混ぜてくださいね。個人的には粒マスタードを入れるのもおすすめ。

## スイートパンプキンの クリームチーズサラダ

材料（2人分）
さつまいも…約1/2本（200g）
かぼちゃ…約1/8個（200g）
A　クリームチーズ
　（室温でやわらかくする）
　…30g
　牛乳…大さじ1
　マヨネーズ　小さじ2
リーフレタス…適量

**1**　さつまいも、かぼちゃは洗ってラップに包み、電子レンジで4～5分加熱する。取り出してそのまま5分ほどおき、それぞれ角切りにする。
**2**　ボウルに**1**、**A**を入れて、軽くつぶしながら混ぜる。
**3**　器にリーフレタスを敷き、**2**を盛る。好みで砕いたくるみを散らしても。
＊　さつまいもは、切らずにレンジで加熱したほうがホクホクした仕上がりに。野菜の大きさによって水分が変わるので、牛乳の量は適宜調節して。

## かにとレタスのマヨサラダ

材料（2人分）
かに缶…小1缶
レタス（食べやすい大きさにちぎる）
…1/4個
A　マヨネーズ・ポン酢しょうゆ
　…各小さじ1
　こしょう…少々
　レモン汁…1/8個分
塩・こしょう…各適量
レモン（薄いいちょう切り）…1/8個

**1**　ボウルに水けをきったレタス、軽く缶汁をきったかに、**A**を入れてあえる。塩、こしょうで味をととのえる。
**2**　器に盛り、レモンをのせる。
＊　マヨネーズに、レモンやポン酢しょうゆでほんのり酸味を効かせるとさっぱり。かに缶がなければ、帆立缶をほぐしたりかに風味かまぼこでも。

## にんじんのマスタードサラダ

材料（2人分）
にんじん（スライサーでせん切り）
…1本
玉ねぎ（薄切り）…1/4個
レモン汁（または酢）…大さじ1
塩…ふたつまみ
砂糖…小さじ1/2
粒マスタード…小さじ2
オリーブ油…大さじ1と1/2

ボウルにすべての材料を入れてあえ、冷蔵庫で1時間ほどおく。
＊　にんじんは、あればせん切りスライサーで切ったほうが味がなじみやすくなります。包丁の場合は、軽くレンジでチンするといいですよ。

## 焼き野菜とペンネのマリネサラダ

材料（4人分）
なす…1本
ズッキーニ…小1本
黄パプリカ…1/2個
かぼちゃ（5㎜幅に切る）…1/8個
ミニトマト（ヘタを取る）…8個
**A**｜レモン汁（または酢）
…大さじ2
砂糖…小さじ2
しょうゆ…小さじ1
マスタード…小さじ1
塩…少々
ペンネ…50g
**B**｜オリーブ油（またはサラダ油）
…小さじ1
顆粒コンソメ…ひとつまみ
オリーブ油（またはサラダ油）
…大さじ3

**1**　なすは長さ半分に切り、縦8等分にして水にさらす。ズッキーニ、パプリカも同じくらいの大きさに切る。**A**は混ぜておく。
**2**　フライパンにオリーブ油を熱し、ズッキーニ、かぼちゃをじっくりと焼く。焼き目がついたら**A**に漬ける。続けて水けをきったなす、パプリカを同様に焼いて**A**に漬け、最後にミニトマトの表面を焼いて**A**に漬ける。
**3**　ペンネを袋の表示どおりにゆでで、湯をきって熱いうちに**B**であえる。**2**に加えて混ぜ、しばらくおいてなじませる。
＊　レモン汁を酢にする場合、酸味が強めになるので砂糖を少し多めにしてください。ペンネをマカロニや、ほかのショートパスタにかえても。

## ミモザサラダ

材料（2人分）
ゆで卵…1個
ブロッコリー（小房に分ける）
…1/6個
スナップえんどう…4本
チーズドレッシング（作り方P105）
…半量
レタス（ひと口大にちぎる）
…2～3枚

**1**　ゆで卵は黄身を茶こしなどで裏ごしし、白身はみじん切りにする。ブロッコリー、スナップえんどうは塩ゆでし、スナップえんどうはさやを開く。
**2**　ボウルにレタス、ブロッコリー、スナップえんどう、ゆで卵の白身を入れ、ざっと混ぜる。器に盛り、ゆで卵の黄身を散らす。食べるときにチーズドレッシングをかける。
＊　サラダのゆで卵といえば輪切りやくし形切りが多いですが、刻んで散らすと一気にデリ風！　華やかになります。黄身は茶こしで裏ごしするときれい。

## スライストマトの中華サラダ

材料（２人分）
トマト（１㎝厚さの輪切り）…２個
玉ねぎ（みじん切りにして水にさらす）
…1/4個
**A** ポン酢しょうゆ…大さじ１
ごま油…大さじ１
しょうゆ…小さじ１

器にトマトを並べ、水けをきった玉ねぎをのせる。混ぜ合わせた**A**をかけ、好みで白いりごま、刻んだ香菜を散らす。

＊ スライスしたトマトに、刻んだ玉ねぎをのせるだけでひと手間かけた印象に。**A**のドレッシングにラー油を少し入れても変化がつきますよ。

## 春雨サラダ

材料（４人分）
春雨…30ｇ
乾燥きくらげ（水でもどす）…５ｇ
もやし…1/4袋
きゅうり（せん切り）…1/2本
ハム（せん切り）…３枚
白いりごま…小さじ２
**A** しょうゆ
…大さじ１～１と1/2
酢・ごま油…各大さじ１
砂糖…小さじ１
**B** 卵…２個
砂糖・塩…各少々
サラダ油…少々

**1** 春雨は湯でもどして、食べやすい長さに切る。きくらげ、もやしはさっとゆで、きくらげはせん切りにする。
**2** ボウルに**1**、きゅうり、ハム、白いりごまを入れ、**A**を加えてあえる。
**3** フライパンにサラダ油を熱し、混ぜ合わせた**B**を流し入れて、薄焼き卵を作る。取り出して細切りにする。
**4** 器に**2**を盛り、**3**の錦糸卵をのせて好みで白いりごまをふる。

＊ 薄焼き卵をのせると彩り華やか。卵は裏ごしをすると、黄色がとても鮮やかに出ます。酢を控えめにした作り方なので、好みで増やして。

## アボカド豆腐サラダ

材料（２人分）
アボカド（角切り）…１個
オクラ（ヘタを取り縦半分に切る）
…３本
豆腐（角切り）…1/2丁
黄パプリカ（小さめの角切り）
…1/4個
**A** ポン酢しょうゆ・オリーブ油
…各小さじ１
しょうゆ…小さじ1/2
…少々
ベビーリーフ…適量
**B** たらこ…20ｇ
マヨネーズ・生クリーム
…各小さじ２
サラダ油…少々

**1** フライパンにサラダ油を熱し、オクラ、パプリカを焼く。軽く焼き目がついたらボウルに移し、アボカド、豆腐、**A**を加えてあえる。
**2** 器にベビーリーフを敷いて**1**を盛り、混ぜ合わせた**B**のたらこソースをかける。好みでピンクペッパーを飾っても。

＊ 地味になりがちな豆腐サラダは、アボカドやパプリカでおしゃれなごちそう風に。しょうゆ味にたらこマヨドレッシングがよく合います。

## ごぼうとひじきの明太マヨサラダ

材料（2人分）
ごぼう（せん切りにして水にさらす）…1/3本
乾燥ひじき（水でもどす）…5g
めんつゆ（3倍濃縮）…小さじ1
黄パプリカ…1/2個
きゅうり（せん切り）…1/2本
明太子（皮を除く）…20～30g
マヨネーズ…小さじ2

**1**　鍋に湯を沸かし、ごぼうを1分ほどゆでる。ひじきを加えてさっとゆで、ざるにあげて水けをきり、熱いうちにめんつゆを混ぜる。
**2**　パプリカはオーブントースターか魚焼きグリルで転がしながら表面が焦げるくらい焼く。冷水にとって皮をむき、せん切りにして水けを拭く。きゅうりは塩もみし、水けを絞る。
**3**　ボウルに**1**、**2**、明太子、マヨネーズを入れてあえる。器に盛り、好みで白いりごまをふる。
＊　栄養満点の黒サラダ。野菜の水けはペーパータオルでしっかりと拭くと、水っぽくなりません。味は明太子の塩けによってととのえて。

## 大根のガーリックしょうゆサラダ

材料（2人分）
大根（せん切り）…1/8本
にんにく（薄切り）…1片
ベーコン（細切り）…2枚
**A**｜おろし玉ねぎ・しょうゆ…各大さじ1
　｜砂糖…小さじ1/2
クレソン（食べやすく切る）…1袋
粗びき黒こしょう…適量
オリーブ油…大さじ1

**1**　フライパンにオリーブ油を熱し、にんにく、ベーコンを焼く。こんがりと焼き色がついたら取り出す。**A**にフライパンに残った油を加えて混ぜ、ドレッシングを作る。
**2**　器に大根を盛り、まわりにクレソンを添える。ベーコン、にんにくをトッピングし、粗びき黒こしょうをふる。食べるときに**1**のドレッシングをかける。
＊　にんにくとベーコンのうまみと香りがついた油を、そのままドレッシングに利用。大根がもりもり食べられますよ！お酒の前菜にもぴったり。

## 白菜とりんごの帆立サラダ

材料（2人分）
白菜（外側の葉2～3枚を除く・せん切り）…1/8個
りんご…1/2個
帆立缶…1缶
**A**｜マヨネーズ…大さじ2
　｜はちみつ…小さじ1
　｜粒マスタード…大さじ1
塩・こしょう…各適量

**1**　りんごはよく洗って芯を取り、皮ごと短いせん切りにして塩水（水1カップ：塩小さじ1）に漬ける。
**2**　ボウルに水けをきった白菜、りんご、軽く汁けをきった帆立缶を入れ、**A**を加えてあえる。塩、こしょうで味をととのえる。
**3**　器に盛り、好みで刻んだチャービルをふる。
＊　りんごで甘みと食感を加えます。白菜は、内側のやわらかい葉を使うのがコツ。帆立缶の代わりに、せん切りにしたハムを混ぜてもきれいです。

# ごぼうのポタージュ

材料（2～3人分）
ごぼう（ささがきにして水にさらす）…1/4本
玉ねぎ（薄切り）…1/8個
しめじ（石づきを取り小房に分ける）…1/2パック
ベーコン（細切り）…1枚
A　水…1カップ
　　顆粒コンソメ…小さじ1
牛乳…1カップ
生クリーム…大さじ2
塩…適量
バター…5g
パセリ（みじん切り）・粗びき黒こしょう…各適量

**1**　鍋にバターを溶かし、ごぼう、玉ねぎ、しめじ、ベーコンを炒める。玉ねぎがしんなりしてきたら**A**を加えてふたをし、10分ほど煮たら牛乳を加える。
**2**　**1**をミキサーにかけてなめらかにし、鍋に戻して温める。生クリームを加え、塩で味をととのえる。器に盛り、パセリ、粗びき黒こしょうをふる。
＊　野菜はしっかり炒めたほうが、コクが出ておいしいです。食感を生かすなら、ミキサーにかけずシチュー風スープにしても。

## ぽかぽか！ みそけんちん汁

材料（4人分）
しょうが（せん切り）…1かけ
大根（いちょう切り）…3cm（100g）
にんじん（いちょう切り）…1/4本
ごぼう（ささがきにして水にさらす）…1/6本
しいたけ（石づきを取りひと口大に切る）…1～2個
長ねぎ（斜め薄切り）…1/4本
だし汁…2カップ
豆腐…1/4丁
みそ…大さじ2程度
万能ねぎ（小口切り）…適量
七味唐辛子…適量
サラダ油…大さじ1/2

**1** 鍋にサラダ油、しょうがを入れて火にかけ、香りが出たら野菜を炒める。だし汁を加えて10分ほど煮る。
**2** 豆腐を手で崩しながら加え、みそを溶き入れる。器に盛り、万能ねぎ、七味唐辛子をふる。
＊ 肉なし、野菜オンリーですが、具だくさんで大満足！ しょうがは最初に炒めて風味を出します。サラダ油をごま油にすると、さらにコクがアップ。

## 完熟トマトのミネストローネ

材料（4人分）
完熟トマト…小2個
玉ねぎ（角切り）…1/2個
セロリ（角切り）…1/2本
じゃがいも（角切り）…2個
にんじん（角切り）…1/2本
ベーコン（角切り）…2枚
水…2カップ
塩・こしょう…各適量
粉チーズ・パセリ（みじん切り）…各適量
オリーブ油…大さじ1

**1** トマトは十字に切り込みを入れて熱湯をかけ、皮をむいて角切りにする。
**2** 鍋（あれば厚手）にオリーブ油を熱し、玉ねぎ、セロリ、じゃがいも、にんじんを炒める。野菜が少し透き通るくらいになったらトマト、ベーコンを加えて、さらに炒め合わせる。
**3** 水を加えてふたをし、沸騰したら弱火で40分以上、アクを除きながら煮る(水分が足りなくなったら途中で水を足す)。塩、こしょうで味をととのえる。
**4** 器に盛り、粉チーズ、パセリをふる。
＊ 弱火でコトコト煮て素材の味を引き出します。途中で水分が少なくなるようなら、適宜水を足してください。コンソメを入れても。

## たらとあさりのジンジャー豆乳スープ

材料（2人分）
たら（4等分に切る）…2切れ
しょうが（みじん切り）…1かけ
あさり（砂抜きして洗う）…250g
酒…大さじ1
**A** 水…2カップ
　鶏ガラスープの素…小さじ2
長ねぎ（斜め薄切り）…1本
豆乳…1カップ
塩…適量
白いりごま…少々
サラダ油…小さじ1

**1** たらは軽く塩をふり、10分ほどおいて水けを拭き取る。
**2** 鍋にサラダ油、しょうがを入れて火にかけ、香りが出てきたらあさりを加えて、さっと炒める。酒を加えてふたをし、あさりの口が開くまで2～3分蒸す。
**3** **A**を加え、沸騰したらアクを除き、たら、長ねぎを加える。5分ほど煮たら豆乳を加えて弱火で温め、塩で味をととのえる。
**4** 器に盛り、白いりごまをふる。
＊ たらとあさりのうまみが溶け込んだスープを、豆乳でまろやかに仕上げました。ピリッとしたしょうががアクセント！ 大人好みの味です。

おかずなしでも大満足

# 具だくさんご飯
# &
# カフェ風パスタ

おかずをたくさん作りたくないときは、
ひと品で満足感がある
味つきご飯やパスタがラク。
洋風、和風と、
いろいろなバリエーションを持っていると、
変化がついて飽きません。
どれも、冷蔵庫に入ってる
いつもの食材でさっと作れます。

## さんまの土鍋ご飯

材料（1合分）
さんま…1尾
米…1合
水…180㎖
A | 酒…大さじ1
| しょうゆ…小さじ1
| 塩…ひとつまみ
しょうが（せん切り）…1かけ
昆布…3㎝

**1** 米は洗って30分以上浸水させる。さんまは塩（分量外）をふって10分ほどおき、水けを拭いて魚焼きグリルで焼く。
**2** 土鍋に米を入れ、水、**A**を加えてひと混ぜする。しょうが、昆布、さんまをのせ、ふたをして火にかける。沸騰したら弱火で12～15分炊く。
**3** 炊き上がったら火を止めて昆布とさんまを取り出し、10分蒸らす。さんまの骨を除いてご飯と混ぜる。
＊ 土鍋の大きさや火加減、使う米によっては、炊き上がりがかためになる場合も。そのときは水の量を1カップにしてみてください。

## たこ焼きチャーハン

材料（2人分）
ゆでだこ（または蒸しだこ・角切り）…100g
ご飯…茶碗2杯分（約300g）
長ねぎ（みじん切り）…1/4本
紅しょうが（みじん切り）…10g
A | 中濃ソース…大さじ2
| しょうゆ・砂糖…各小さじ1
かつお節…ひとつかみ
青のり…小さじ1
サラダ油…大さじ1～2

**1** フライパンにサラダ油を熱し、ご飯、長ねぎを炒める。パラパラにほぐれたらたこ、紅しょうがを加えて炒める。**A**を加えて調味する。
**2** 器に盛り、かつお節、青のりをふり、好みで紅しょうが、マヨネーズ、くし形に切ったレモンを添える。
＊ ご飯にたこや紅しょうがを入れたら、まさに「たこ焼き」風！ ご飯にマヨネーズって普段はナシだけど、これはあったほうがいいです。

## ソーセージカレーピラフ

材料（3～4人分）
ソーセージ（輪切り）…6本
米（洗ってざるにあげる）…2合
A｜カレー粉…小さじ1と1/2
　｜塩…小さじ1弱
玉ねぎ（みじん切り）…1/4個
コーン缶…小1缶（60g）
バター…15g
ピーマン（小さめの角切り）…1個
パセリ（みじん切り）…適量

**1**　炊飯器の内釜に米を入れて2合の目盛りまでコーンの缶汁、水を入れ、**A**を加えて混ぜる。ソーセージ、玉ねぎ、コーン、バターをのせて炊飯する。
**2**　炊き上がったらピーマンをのせ、10分ほど蒸らして全体を混ぜる。器に盛り、パセリを散らす。
＊　コーン、ソーセージなど常備している食材で作れるから、いざというときも助かります。甘みのあるコーンの缶汁もぜひ加えて。

## トマトピラフ

材料（3～4人分）
トマト（皮をむいてヘタを取る）…1個
米（洗ってざるにあげる）…2合
水…1と1/2カップ
鶏もも肉（角切り）…150g
塩…小さじ1弱
サラダ油…小さじ2
バター…5g

**1**　炊飯器の内釜に米、水、塩、サラダ油を加えて混ぜ、トマトをのせてまわりに鶏肉を散らして炊飯する。
**2**　炊き上がったらバターを加え、トマトを崩しながら全体を混ぜ、10分蒸らす。
**3**　器に盛り、好みで粉チーズ、粗びき黒こしょうをふる。
＊　ケチャップライスではなく、生のトマトで作るところが大人の味。トマトの水分とうまみを生かし、炊けたらしっかり蒸らします。

## ねぎ塩豚のっけご飯

材料（２人分）
豚バラ薄切り肉（ひと口大に切る）…200ｇ
**A** | みりん…大さじ１
　 | 塩…小さじ1/4
ねぎ塩だれ（作り方P104）…全量
ご飯…茶碗２杯分（約300ｇ）

**1**　ボウルに豚肉、**A**を入れてもみ込む。
**2**　フライパンを熱して豚肉を入れ、脂を拭き取りながら両面をこんがり焼く。
**3**　器にご飯を盛り、豚肉、ねぎ塩だれをのせる。好みで白いりごまをふり、レモンを絞る。
＊　塩だけだととがった感じですが、みりんで甘みを加えると、角のないやわらかな塩味に。肉の脂はしっかり拭き取ってください。

## 豚肉と小松菜のあんかけご飯

材料（２人分）
豚バラ薄切り肉（２～３㎝幅に切る）…200ｇ
小松菜（２～３㎝長さに切る）…1/2束
しょうが（みじん切り）…１かけ
**A** | 水…１カップ
　 | 鶏ガラスープの素…小さじ１
塩…少々
水溶き片栗粉・ごま油…各適量
ご飯…茶碗２杯分（約300ｇ）

**1**　フライパンを熱して豚肉を炒め、脂が出たらしょうが、小松菜を加えて炒める。
**2**　**A**を加え、沸騰したら塩で味をととのえる。水溶き片栗粉でとろみをつけ、ごま油を加える。
**3**　器にご飯を盛り、**2**をかける。好みで粗びき黒こしょうをふり、すだちを絞る。
＊　ひと皿で肉も野菜もたっぷりとれるのがうれしい！　最後の水溶き片栗粉はちょっと多めに加え、しっかりとろみをつけるのがコツ。

## あじの梅蒸しご飯

材料（２人分）
あじ（三枚におろしたもの）…２尾
塩…少々
酢…小さじ１
ご飯…１合分
A｜梅干し（種を取りたたく）…１個
　｜しょうがの甘酢漬け（みじん切り）…10ｇ
　｜白いりごま…小さじ１
青じそ（せん切り）…４枚

**1**　あじは塩をふって10分ほどおき、水けを拭く。魚焼きグリルで焼き、身をほぐして酢を混ぜる。
**2**　ご飯にA、あじ半量を加えて混ぜ、小さいせいろか耐熱容器に盛る。残りのあじをのせ、蒸し器か電子レンジで温めて青じそをのせる。
＊　焼いたあじをほぐしてのせるだけ。蒸すのが面倒だったら、温かいご飯に混ぜちゃってもいいですよ。梅干しの量は好みで増減して。

## ツナときのこの みそ炊き込みご飯

材料（４人分）
米（洗ってざるにあげる）…２合
A｜みそ…大さじ２
　｜みりん…大さじ１
　｜塩…ひとつまみ
しめじ（石づきを取りほぐす）…１パック
しいたけ（石づきを取り薄切り）…２個
ツナ缶…１缶
コーン…大さじ４
万能ねぎ（小口切り）…適量

**1**　炊飯器の内釜に米を入れ、２合の目盛りまで水を入れる。Aを加えて混ぜ溶かす。きのこ、軽く汁けをきったツナ、コーンをのせて炊飯する。
**2**　炊き上がったら混ぜ、万能ねぎを加えて混ぜる。
＊　ご飯とみその相性はバツグンだから、炊き込みの味つけにもぴったり。塩けだけでなく、ほんのり甘さが出て、やさしい味になります。

## 豚ごぼうとひじきの五目炊き込みご飯

材料（4人分）
豚薄切り肉（細切りにしてほぐす）…50g
ごぼう（ささがきにして水にさらす）…1/4本
にんじん（小さめの角切り）…1/4本
乾燥ひじき（水でもどす）…5g
しいたけ（薄切り）…2個
米（洗ってざるにあげる）…2合
A　みりん・酒…各大さじ1
　　しょうゆ…大さじ1と1/2
　　塩…小さじ1/2

炊飯器の内釜に米を入れ、Aを加えて2合の目盛りまで水を入れる。水けをきったひじき、ごぼう、にんじん、しいたけ、豚肉をのせて炊飯する。炊き上がったら全体を混ぜる。
＊　沖縄の炊き込みご飯「ジューシー」を食べて以来、豚肉の炊き込みご飯が好きになりました。豚肉が固まらないよう、広げてのせて。

## 鶏とれんこんの混ぜご飯

材料（2人分）
鶏もも肉（1～2cmの角切り）…150g
れんこん（1～2cmの角切り）…1/2節（約100g）
A　しょうゆ…大さじ1と1/2～2
　　みりん…大さじ1
　　砂糖…小さじ1
ご飯…1合分
白いりごま…小さじ1
三つ葉（1cm幅に切る）…1/4袋
サラダ油　大さじ1/2

1　フライパンにサラダ油を熱し、鶏肉を焼く。焼き色がついたられんこんを加えて炒め、軽く火が通ったらAを加え、水分がとんで照りが出るまで煮つめる。
2　ご飯に1、白いりごま、三つ葉を加えて混ぜる。
＊　混ぜご飯は、ご飯にちゃんと味をつけないとおいしくないんです。だから味はしっかりめ。具も照りが出るまで煮つめることが大切。

Pasta

カフェ風パスタ

具の組み合わせや
彩りに工夫して

## 刻みブロッコリーと ひき肉のパスタ

材料（2人分）
ブロッコリー（小房に分け粗く刻む）…1/3株
スパゲティ…160g
A ｜にんにく（みじん切り）…1片
　｜赤唐辛子（半分に折り種を取る）…1本
　｜オリーブ油…大さじ2
玉ねぎ（みじん切り）…1/4個
合いびき肉…100g
顆粒コンソメ…小さじ1
塩・こしょう…各適量
粉チーズ…大さじ1

**1**　スパゲティは袋の表示どおりに塩ゆでする。
**2**　フライパンにAを入れて火にかけ、香りが出たら玉ねぎ、ひき肉を加えて炒める。
**3**　ブロッコリーを加えて炒め、スパゲティのゆで汁おたま1杯、顆粒コンソメを加えて軽く煮つめる。
**4**　スパゲティとゆで汁おたま1杯ほどを加えてあえる。塩、こしょうで味をととのえ、粉チーズをふる。好みで粗びき黒こしょうをふっても。
＊　麺をゆでるときの塩は、水の量に対して1％を守って。

## トマトピューレのナポリタン

材料（2人分）
玉ねぎ（薄切り）…1/2個
ピーマン（薄切り）…1個
ハム（半分に切ってから5㎜幅に切る）…2枚
バター…15g
トマトピューレ（作り方P105）…全量
顆粒コンソメ…小さじ1/2
スパゲティ…160g
粉チーズ…大さじ2
塩…適量

**1**　スパゲティは袋の表示どおりに塩ゆでする。
**2**　フライパンにバター半量を熱し、玉ねぎ、ピーマン、ハムを炒める。塩を軽くふって、トマトピューレ、顆粒コンソメを加えて混ぜる。
**3**　スパゲティとゆで汁おたま1杯ほどを加えてあえる。粉チーズを加えて混ぜ、味をみて足りなければ塩でととのえる。
**4**　器に盛り、好みでみじん切りにしたパセリ、粉チーズをふる。
＊　手作りトマトピューレを使った、大人のナポリタン。さっぱりとしたトマト味です。

## カリフラワーとベーコンのクリームパスタ

材料（2人分）
カリフラワー（小房に分ける）…1/4個
リングイネ…160g
ベーコン（5㎜幅に切る）…2枚
バター…5g
A | 生クリーム…1/2カップ
　| 顆粒コンソメ…ひとつまみ
塩・こしょう・粗びき黒こしょう…各適量
粉チーズ…大さじ2

**1**　カリフラワーは塩ゆでし、粗く刻む。リングイネは袋の表示どおりに塩ゆでする。
**2**　フライパンにバターを溶かし、ベーコンを炒める。脂が出てきたらカリフラワーを加えて炒める。
**3**　リングイネのゆで汁おたま1杯、**A**を加え混ぜ、リングイネ、粉チーズを加えてあえる。塩、こしょうで味をととのえる。器に盛り、粗びき黒こしょうをふる。
＊　パスタのゆで汁を入れると、少ない生クリームでも麺にしっかりとからみます。パスタは太めがおすすめですが、スパゲティでも。

## かぶおろしとツナの冷製パスタ

材料（2人分）
かぶ（皮をむいてすりおろす）…小2個
スパゲティ（細め）…160g
ツナ缶…1缶
かつお節・白いりごま…各適量
青じそ（せん切り）…5枚
めんつゆ（3倍濃縮）…適量
レモン（くし形に切る）…1/4個
オリーブ油…小さじ2

**1**　スパゲティは袋の表示どおりに塩ゆでして冷水で冷やし、ざるにあげる。水けをきってオリーブ油であえる。
**2**　ボウルに軽く油をきったツナ、かつお節ひとつかみを混ぜる。
**3**　器にスパゲティを盛り、かぶ（おろし汁ごと）、**2**、青じそをのせる。かつお節少々を散らしていりごまをふり、薄めためんつゆをかけてレモンを絞る。
＊　大根おろしの代わりによく使うのが、かぶおろし。辛みもなく食べやすいですよ。甘いおろし汁も立派な調味料なので、汁ごと使って。

作っておくと便利！

# 簡単漬けものとご飯のとも

うちのごはんは和食が多いので、白いご飯に合う漬けものや“ご飯のとも”は欠かせません。
漬けものは、薄味の浅漬けがほとんど。余り野菜を使ってサラダ感覚で食べています。

漬け込み時間は3時間程度。午後に仕込めば、夜には完成！
薄味に仕上げて、大根サラダのように食べています。

## 大根の昆布漬け

材料（作りやすい分量）
大根（いちょう切り）…10cm（約300g）
塩…小さじ1
A
- 水…3/4カップ
- 酢…1/4カップ
- 砂糖…小さじ1
- 昆布（2～3等分に切る）…2g
- 赤唐辛子（半分に折り種を出す）…1/2本

1　ボウルに大根、塩を入れてもみ込み、10分ほどおく。
2　耐熱容器にAを入れ、電子レンジで2～3分加熱してひと煮立ちさせる。
3　1に2を加え、粗熱が取れたら保存容器に入れて冷蔵庫で2～3時間おく。

干し大根を、濃いめのしょうゆ味で漬けた新潟の郷土料理。
1日1～2回全体を混ぜ、漬け始めて2～3日後が食べごろ。

## 切干大根のハリハリ漬け風

材料（作りやすい分量）
切干大根…30g
刻み昆布（乾燥）…10g
にんじん（せん切り）…1/4本
A
- 水…3/4カップ
- しょうゆ…大さじ1と1/2
- みりん・酢…各小さじ1

1　切干大根は水で洗い、水けを絞らずにざるにのせて15分おいてもどす。食べやすい大きさに切る。
2　ボウルに切干大根、刻み昆布、にんじんを混ぜ、Aを加えて混ぜる。保存容器に入れ、1日に1～2回混ぜながら冷蔵庫で1日以上おく（2～3日後が食べごろ）。

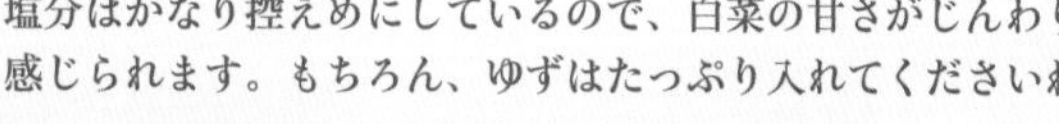
塩分はかなり控えめにしているので、白菜の甘さがじんわり感じられます。もちろん、ゆずはたっぷり入れてくださいね。

## 白菜のゆず漬け

材料（作りやすい分量）
白菜（ざく切り）…1/8個（約300g）
塩…小さじ1
刻み昆布（乾燥）…1g
ゆずの皮（せん切り）…1/2個
A
- 水…大さじ3
- ゆず果汁…小さじ2～3

1　ジッパーつき保存袋に白菜、塩を入れ、しんなりとするまでもむ。
2　1に刻み昆布、ゆずの皮、Aを加えて混ぜる。空気を抜いて密閉し、冷蔵庫で2～3日おく。

しょうがの辛みが効いてます。器は、最近買ったガラス製の浅漬け鉢。見た目もおしゃれで、そのまま食卓に出せますよ。

## ピリ辛きゅうり漬け

材料（作りやすい分量）
きゅうり…2本
にんじん（せん切り）…1/8本
しょうが（せん切り）…1かけ
赤唐辛子（種を取り輪切り）…1本
しょうゆ・酢…各大さじ2
砂糖…小さじ2

1　きゅうりは両面に深さ半分ほど斜めに切り込みを入れ、蛇腹状にして食べやすい長さに切る。
2　保存容器にすべての材料を入れ、皿などの重しをのせて（ジッパーつき保存袋の場合は空気を抜いて密閉する）冷蔵庫で1日以上おく。

箸休めにあるとうれしい

# 簡単漬けもの

ご飯にのせるほか、焼いた肉と一緒に食べても。粉唐辛子の代わりに一味唐辛子にする場合、量はかなり控えめにして。

## 青じその ヤンニョムジャン漬け

材料（作りやすい分量）
青じそ…10枚
りんご（すりおろす）…1/4個
にんにく（すりおろす）…1片
しょうが（すりおろす）…1かけ
しょうゆ…大さじ2
白いりごま…大さじ1
粉唐辛子（または一味唐辛子）
…小さじ1/2～1
ごま油…小さじ2

**1**　ボウルに青じそ以外の材料をすべて混ぜる。
**2**　密閉容器に青じそ、**1**の漬けたれを交互に重ね、冷蔵庫で半日以上おく。

新潟のお隣、山形の郷土料理の「だし」のイメージ。夏にぴったりです。**B**の調味料の代わりにめんつゆ少々にしても。

## 山形風だし漬け

材料（作りやすい分量）
なす・きゅうり（ともに粗みじん切り）
…各1本
みょうが（みじん切り）…2本
**A**｜水…1カップ
｜塩…小さじ1
しょうが（みじん切り）…1かけ
青じそ（みじん切り）…2枚
**B**｜しょうゆ…小さじ1
｜水…大さじ3～4
｜昆布…3㎝

**1**　なす、きゅうり、みょうがは水にさらし、水けを一度きって**A**に半日ほど漬ける。
**2**　**1**の水けをきり、しょうが、青じそ、**B**を加えて混ぜ、冷蔵庫でひと晩おく。

にんじんが使いきれないときは、しょうゆ漬けにすればご飯のともに。実山椒の代わりに、せん切りのしょうがでも。

## にんじんの しょうゆ漬け

材料（作りやすい分量）
にんじん（3㎝長さの棒状に切る）…1本
水…大さじ4
しょうゆ…大さじ2
昆布…2㎝
山椒の実のつくだ煮…小さじ2
（またはしょうがのせん切り1かけ分）

保存容器にすべての材料を入れ、冷蔵庫で1日おく。

薄い塩水で漬け、さっぱりと食べられるようにしました。なすは色が変わりやすいので、食べる直前にあえるようにして。

## なすの浅漬けの 梅あえ

材料（作りやすい分量）
なす（縦半分に切って薄切り）…2本
**A**｜水…1カップ
｜塩…小さじ1
梅干し（種を取りたたく）…1個
かつお節…約5g

**1**　なすは**A**に漬けて冷蔵庫で2～3時間おく。
**2**　ボウルに、水けを軽く絞ったなす、梅干し、かつお節、好みでしょうゆ少々（分量外）を入れてあえる。器に盛り、好みで白いりごまをふる。

たらこ1/2腹（１本）なら、にんじんの甘さを感じる味。１腹ならしっかり味に。水分を少し残すとソフトな食感。

## にんじんたらこふりかけ

材料（作りやすい分量）
にんじん（すりおろす）…１本
たらこ（薄皮を取る）…1/2～１腹
酒…大さじ１
白いりごま…大さじ１
サラダ油…小さじ１

**1**　たらこは酒と混ぜてほぐす。
**2**　フライパンにサラダ油を熱し、にんじんを炒める。水分がとんでパラパラしてきたら、たらこを加えて炒める。たらこの色が変わったら白いりごまを加えて混ぜる。

小えびで作ると乾燥した仕上がりになる場合も。ある程度の大きさのあるえびを使って。ちらし寿司にするのもおすすめ。

## えびそぼろ

材料（作りやすい分量）
えび（大きめのもの・殻をむき背ワタを取る）
…150ｇ
酒…大さじ１
**A**｜砂糖…大さじ１
　｜塩…ひとつまみ
　｜水…大さじ１

**1**　小鍋にえび、酒を入れて火にかけ、ふたをする。沸騰したら弱火～中火にし、えびが鍋底につかないよう、ときどき混ぜながら蒸す。
**2**　火が通ったらいったん取り出して粗熱を取り、みじん切りにする（フードプロセッサーやすり鉢で細かくしてもよい）。
**3**　鍋に**2**を戻し入れ、**A**を加えて火にかけ、菜箸で混ぜながら水分をとばす。

小さな容器にしょうゆとめんつゆ、卵黄を入れて冷蔵庫で保存すればOK。と～っても簡単なのに絶品！

## 卵黄のしょうゆ漬け

材料（作りやすい分量）
卵黄…適量
**A**｜しょうゆ・めんつゆ（３倍濃縮）
　｜…各適量

小さめのココットやお弁当用のアルミカップなどに**A**を好みの割合で入れ、卵黄を入れて冷蔵庫で１日以上漬ける。

酸っぱい梅干しも、塩分や酸味がやわらいでグッと食べやすくなるんです。ドレッシングやあえものにも使えます。

## 梅干しのめんつゆ漬け

材料（作りやすい分量）
梅干し・めんつゆ（３倍濃縮）…各適量

密閉びんに梅干しを詰め、梅干しが浸かるくらいめんつゆを注ぐ。

これさえあれば！

# ご飯のとも

黒の食材がたっぷりのヘルシーふりかけ。乾物を混ぜるだけで簡単に作れます。包丁で刻む場合は"飛び散り"に注意！

## 黒のふりかけ

材料（作りやすい分量）
塩昆布…15g
乾燥わかめ…5g
かつお節・黒いりごま…各5g
焼きのり（細かくちぎる）…全形1枚
白いりごま…適量

フードプロセッサーに塩昆布、わかめ、かつお節を入れて細かくなるまでかける（包丁で刻んでもよい）。ポリ袋に入れて、のり、白いりごまを加えてもみ込み、よく混ぜる。

ちりめんじゃこの代わりにしらすで作ると、やわらかいふりかけに。さめたあと、細かくちぎったのりを混ぜても。

## 小魚ふりかけ

材料（作りやすい分量）
ちりめんじゃこ（またはしらす）…50g
かつお節…5g
白いりごま…大さじ1
A｜しょうゆ・みりん…各大さじ1
ごま油…小さじ2

**1**　フライパンにごま油を熱し、ちりめんじゃこを炒める。油がまわったら、かつお節、いりごまを加えてさらに炒め、**A**を加えて水分がなくなるくらいまで炒める。
**2**　さまして保存容器に移し、冷蔵庫で保存する。

ひき肉を湯通しすると、さめても固まりにくくなります。またはひき肉に**A**を混ぜてから火にかけ、ぽろぽろに炒めても。

## 塩そぼろ

材料（作りやすい分量）
豚ひき肉…200g
A｜塩…小さじ1
　｜みりん…小さじ1
　｜酒…大さじ2

**1**　鍋に湯を沸かし、ひき肉をゆでる。ほぐれたらざるにあげる。
**2**　鍋に**1**、**A**を入れて火にかけ、混ぜながら水分をとばす。

甘めの味つけにしていますが、砂糖の量は好みで減らして。ご飯以外に、野菜や肉のたれにしても合います。

## 青じそみそ

材料（作りやすい分量）
青じそ（みじん切り）…約20枚
A｜みそ…60g
　｜酒・みりん…各大さじ2
　｜砂糖…大さじ1強
サラダ油…小さじ2

フライパンにサラダ油を熱し、青じそを炒める。**A**を加え、軽く水分をとばしながら煮つめる。

アレンジいろいろ

# 使える！　たれとドレッシング

話題の調味料やたれには興味がありますが、買っても使いきれないんです。だから手作り。
といっても、混ぜるだけなので簡単です。いつものおかずにも変化がつきますよ。

## にらだれ

材料（作りやすい分量）
にら（小口切り）…10本
A｜しょうゆ・めんつゆ（3倍濃縮タイプ）…各大さじ2
白いりごま…小さじ2

ボウルににら、Aを入れて混ぜ、15分ほどおく。白いりごまを加えて混ぜる。
＊こんな料理に　P49「豚肉のみぞれ蒸し　たっぷりにらだれ」や蒸し野菜に。ラー油を足してピリ辛味にしても。

## ねぎ塩だれ

材料（作りやすい分量）
A｜長ねぎ（みじん切り）…1本
　｜鶏ガラスープの素…小さじ1
塩…小さじ1/2
ごま油…大さじ1

耐熱容器にAを入れてふんわりとラップをかけ、電子レンジで1分加熱する。取り出して塩、ごま油を加えて混ぜる。
＊こんな料理に　P17「ささみとズッキーニのねぎ塩あえ」、P46「焼きしゃぶ」、P95「ねぎ塩豚のっけごはん」ほか、から揚げ、そうめんの薬味などに。

## 豆乳ごまドレッシング

材料（作りやすい分量）
白練りごま・豆乳・ポン酢しょうゆ…各大さじ3
ごま油…大さじ1

**1**　ボウルに練りごまを入れ、豆乳を少しずつ加えながら混ぜる。
**2**　残りの材料をすべて加えてよく混ぜる。
＊こんな料理に　葉もの野菜より、どちらかといえば根菜や焼き野菜向き。豚しゃぶにもぴったりです。

column

## 「使いやすい量を作る」が
## ポイントです！

ほとんどのレシピは、1～2回で使いきれる量です。たいして手間がかかるものではないので、少しずつ作ったほうが新鮮でおいしく、使い残してしまうこともありません。

## チーズドレッシング

材料（作りやすい分量）
マヨネーズ…大さじ2
粉チーズ・牛乳…各大さじ2

ボウルにすべての材料を入れて混ぜる。
**＊こんな料理に**　P87「ミモザサラダ」や葉もののサラダに。目玉焼きや卵焼きなどにかけたり、サンドイッチのソースにも。

## ピリ辛マヨソース

材料（作りやすい分量）
マヨネーズ…大さじ2
コンデンスミルク…小さじ2
レモン汁…小さじ1
豆板醤…少々

ボウルにすべての材料を入れて混ぜる。
**＊こんな料理に**　えびのフリッター、白身魚のフライ、ゆで鶏などに。豆板醤をたらこや梅干しなどに代えても。

## トマトピューレ

材料
（作りやすい分量・でき上がり約200g）
トマト…3個（約400g）

**1**　トマトは8等分に切る。
**2**　フライパンにトマトを入れ、火にかける。ヘラで崩して水分が出てきたら、ふたをしてときどき混ぜながら弱火で20分ほど煮る。
**3**　火を止めて裏ごしし、フライパンに戻して水分をとばすように煮つめる。
**＊こんな料理に**　P98「トマトピューレのナポリタン」に使用。にんにくを加えてソースにしたり、砂糖、酢、塩を加えてケチャップ風にも。

## にんじんドレッシング

材料（作りやすい分量）
にんじん（すりおろす）…1/4本
玉ねぎ（すりおろす）…大さじ1
オリーブ油・酢…各大さじ2
はちみつ…小さじ2
塩・粒マスタード…小さじ1/2

すべての材料を空きびんなどに入れてふり混ぜる。
＊こんな料理に　P67「焼きにんじん」のほかグリーンサラダなどに。しょうゆを足して刺身にかけても。

## 青じそオイルソース

材料（作りやすい分量）
青じそ…20枚
にんにく…1/2片
オリーブ油…1/4カップ
塩…小さじ1/2

すべての材料をフードプロセッサーに入れ青じそが細かくなるまで混ぜる。
＊こんな料理に　P79「焼き野菜の青じそオイルソースがけ」ほか、ゆで野菜、豚しゃぶ、パスタ、魚の塩焼き、サラダ、あえものと万能です。

## ハニーマスタードソース

材料（作りやすい分量）
マヨネーズ…大さじ2
はちみつ…小さじ1
粒マスタード…小さじ2

ボウルにすべての材料を入れて混ぜる。
＊こんな料理に　P16「温野菜とささみのハニーマスタードサラダ」ほか、サンドイッチのソースや、焼いた肉、魚にかけたり、あえたり。

## 自家製甜麺醤

材料（作りやすい分量）
みそ…100g
砂糖…40g
酒・みりん…各大さじ3
しょうゆ…大さじ1
ごま油…小さじ1

鍋にすべての材料を入れて混ぜ、軽くとろみがつくまで煮つめる。
＊こんな料理に　P16「ささみの生春巻き風」ほか、マーボー豆腐、炒めもの、あえもの、肉みそなどの味つけや、たれ、ドレッシングの隠し味として。

## にんにくねぎオイル

材料（作りやすい分量）
葉ねぎ（1cm長さの斜め切り）…1本
にんにく（薄切り）…1片
赤唐辛子（種を取って小口切り）…1/2本
鶏ガラスープの素…小さじ1/2
白いりごま…大さじ1
サラダ油（またはごま油）…大さじ2

1　葉ねぎはボウルに入れる。
2　フライパンにサラダ油、にんにく、赤唐辛子を入れて火にかける。にんにくがきつね色になったら、1に回しかける。
3　熱いうちに鶏ガラスープの素を加えて混ぜ、白いりごまを混ぜる。
＊こんな料理に　冷ややっこやしらすとあえて焼きそばにかけて。保存するときはにんにくを取り出しておくとずっとカリカリ。

## フレッシュサルサソース

材料（作りやすい分量）
トマト…1個
玉ねぎ（みじん切り）…1/4個
ピーマン（みじん切り）…1/2個
A　トマトケチャップ…大さじ1
　レモン汁・オリーブ油…各小さじ2
　塩…小さじ1/2
　チリパウダー（あれば）…小さじ1/2

1　玉ねぎは水にさらし、水けをしっかりきる。トマトはヘタを取り、皮、種を除いてみじん切りにする。
2　ボウルに玉ねぎ、ピーマン、トマト、Aを混ぜる。
＊こんな料理に　P45「鶏のから揚げ フレッシュサルサソース」ほか、ホットドッグ、ナン、タコスにつけるディップなどに。

## ジンジャードレッシング

材料（作りやすい分量）
玉ねぎ（すりおろす）…1/8個
オリーブ油…大さじ1と1/2
酢…大さじ1
はちみつ・しょうゆ・しょうが（すりおろす）
…各小さじ1
塩…小さじ1/2

ボウルにすべての材料を入れて混ぜる。
＊こんな料理に　P16「ささみとせん切り野菜のサラダ」ほか、豆腐のサラダ、かつおのたたきや刺身サラダなど魚料理に。

## 甘酢玉ねぎソース

材料（作りやすい分量）
玉ねぎ（粗みじん切り）…1/2個
**A**｜しょうゆ・はちみつ・酢…各大さじ2

ボウルに**A**を混ぜ、玉ねぎを加えて混ぜ合わせる。
＊こんな料理に　から揚げやとんカツなどの揚げものに。玉ねぎは粗く刻んで存在感を出すのがポイント。

## ヨーグルトドレッシング

材料（作りやすい分量）
プレーンヨーグルト…大さじ3
サラダ油…大さじ2
塩・しょうゆ…各小さじ1/4

ボウルにすべての材料を入れて混ぜる。
＊こんな料理に　チーズソース風なので、P85「じゃがいもとサーモンのヨーグルトドレッシングサラダ」などのサラダ向き。シーザーサラダ、アボカドサラダ、ミモザサラダなどお好みで。

## 照り焼きのたれ

材料（作りやすい分量）
みりん・しょうゆ…各1/2カップ
酒…1/4カップ
砂糖…大さじ3

すべての材料を鍋に入れて火にかけ、沸騰させてアルコール分をとばす。火からおろしてさます。
＊こんな料理に　焼いた鶏肉、つくね、野菜、炒めものなど、少し甘めの定番照り焼きの味にしたいときに。

## 中華ドレッシング

材料（作りやすい分量）
しょうゆ・ごま油…各大さじ2
酢…大さじ1と1/2
鶏ガラスープの素・湯…各小さじ1/2
しょうが（すりおろす）…小さじ1
長ねぎ（みじん切り）…大さじ1
豆板醤…少々

ボウルにすべての材料を入れて混ぜる。
＊こんな料理に　蒸し鶏やから揚げ、冷ややっこにかけたり、春雨サラダ、炒めものやあえものの味つけにも。

## 和風ドレッシング

材料（作りやすい分量）
めんつゆ（3倍濃縮）・ポン酢しょうゆ・
ごま油…各同量

ボウルにすべての材料を入れて混ぜる。
＊こんな料理に　豆腐や野菜の和風サラダ、豚しゃぶ、冷ややっこ、カルパッチョや和風パスタの味つけに。

ドリンクや料理にも使える！

# 体ぽかぽか！ しょうがシロップのすすめ

甘くてぴりっと辛くて、飲みものから料理まで何にでも使えるしょうがシロップ。おいしくて体がぽかぽかに温まるので、一度作ってから、すっかりはまってしまいました。殺菌作用があるといわれるはちみつ入りなので、風邪予防にもぴったり。寒い冬も楽しく乗りきれます。

## しょうがシロップの作り方

材料（作りやすい分量）
しょうが（薄切り・皮ごとでもよい）…100g
砂糖…100g
水…3/4カップ
レモン汁（またはゆず果汁）…小さじ1

1 鍋にしょうが、砂糖、水を入れて火にかけ、ふたをする。沸騰したら弱火で20分ほど煮る。レモン汁を加えて火を止める。

2 保存容器に入れ、粗熱が取れたら冷蔵庫で保存する。

**保存は…**

冷蔵庫で約3週間くらい。一度さましたほうが、しょうがにしっかり甘さがつきます。

## ドリンクやデザートには

### お湯割りに

お湯で割ったホットドリンクは、体が芯から温まります。

### ジンジャエールに

炭酸水で割れば、自家製ジンジャエールに。ミントなどを添えても。

### フレッシュジュースに

絞ったジュースに砂糖代わりに入れてみて。ほかにも豆乳やミルクティーに入れても。

### かき氷やアイスに

かき氷のシロップにしたり、バニラアイスにかけてもおいしい。ヨーグルトにも合います。

## 料理には

### トマトのシロップ漬け

シロップに漬けると甘くなり、おやつ感覚で食べられます。箸休めにもなります。

### 砂糖代わりに

普段の料理には、砂糖と同じように使えます。しょうがは刻んで炒めものなどに入れても。

## しょうがスライスは こんなふうに使えます

シロップを使いきって、残ったしょうがのスライスもおいしく食べられます。そのまま食べてもいいのですが、量がたくさんあるので、料理やお菓子にするのもおすすめです。

いちばんのおすすめは

### しょうがみそ

みじん切りにしたしょうがスライスとみそを混ぜるだけ。分量の割合は好みでよいですが、同量か、少し甘めにするとおいしいと思います。お酒を飲む人ならそのままちびちび食べても。

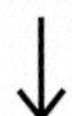

### みそ漬けに！

棒状に切ったにんじんとしょうがみそを混ぜ、保存容器に漬けるだけ。肉や魚を漬けてもいいですよ。

### 炒めものに！

肉の下味つけや調味料に。しょうがみそが少し甘めなので、最後の仕上げにしょうゆを少し入れるだけ。

### おにぎりに！

表面にちょっとしょうがみそを塗るだけなのに、わが家で大好評。お酒のシメ、夜食にもぴったり。

### しょうがピールも！

しょうがを広げて少し乾燥させてからグラニュー糖をまぶせば、お茶受けにぴったりの簡単ピールのでき上がり。甘さのなかのピリッとした辛さがいいんです。

# 素材別インデックス

この本で紹介するおかずで使ったメイン素材をピックアップ。
「今日は何作ろうかな？」と思ったら、このインデックスをぜひ活用してみて！


## 肉・加工品

### 鶏肉

味玉のせ鶏チャーシュー丼 … 25
温野菜とささみの
ハニーマスタードサラダ … 16
刻みチャーシューの冷ややっこ … 25
具だくさんサンドイッチ … 15
ささみとズッキーニのねぎ塩あえ … 17
ささみとせん切り野菜のサラダ … 16
ささみともやしのザーサイあえ … 17
ささみの梅のり巻き … 17
ささみのオイル漬け … 14
ささみの生春巻き風 … 16
ささみのポテトころも焼き … 44
ささみのミニ春巻き … 45
塩鶏 … 20
塩鶏と大根の煮もの … 21
塩鶏のはちみつロースト … 21
塩鶏のポトフ … 21
手羽先と里いものみそバター煮 … 44
手羽中ときのこのピリ辛炒め … 43
照り焼きチキン … 45
トマトピラフ … 94
鶏チャーシュー … 24
鶏とれんこんの混ぜご飯 … 97
鶏肉と夏野菜の蒸し煮 … 44
鶏のから揚げ フレッシュサルサソース … 45
鶏胸肉のアスパラロール … 44
鶏胸肉のねぎみそ炒め … 45
ミニサイズのチキン南蛮 … 42
焼き鶏チャーシューの辛ねぎ添え … 25

### 豚肉

オクラの豚肉巻き … 48
ジューシー！ 焼き餃子 … 53
肉うどん … 35
肉豆腐 … 35
ねぎ塩豚のっけご飯 … 95
豚ごぼうとひじきの五目炊き込みご飯 … 97
豚ごぼうのトマト煮 … 48
豚しゃぶと塩きゅうりのごま酢あえ … 23
豚肉と小松菜のあんかけご飯 … 95
豚肉とじゃがいものキムチ炒め … 64
豚肉と玉ねぎのから揚げ … 69
豚肉となすの青じそみそ炒め … 47
豚肉とほうれん草の豆乳しゃぶしゃぶ … 49
豚肉とれんこんのから揚げ … 49
豚肉とれんこんのごまみそ炒め … 70
豚肉のみぞれ蒸し たっぷりにらだれ … 49
豚肉のみょうが炒め … 48
ベトナム風サンドイッチ … 31
ポークソテー マスタードソースがけ … 48
マーマレードしょうが焼き … 49
焼きしゃぶ … 46
やわらかしぐれ煮 … 34
やわらか豚丼 … 35

### ひき肉

枝豆つくね … 51
オクラキーマカレー … 51
刻みブロッコリーとひき肉のパスタ … 98
根菜とひき肉の春雨炒め … 53
根菜とひじきの豆腐ハンバーグ … 51
塩そぼろ … 103
ジューシー！ 焼き餃子 … 53
たけのことひき肉の卵とじ … 83
とうもろこしのピリ辛そぼろ炒め … 53
なすとひき肉の重ね焼き … 52
肉だんごの甘酢あん … 52
白菜の和風ロール蒸し … 52
マーボーなす風そぼろ炒め … 27
ミートボールトマト煮込み … 50

### ソーセージ

ソーセージカレーピラフ … 94

### ハム

トマトピューレのナポリタン … 98
春色お豆のポテトサラダ … 86
春雨サラダ … 88

### ベーコン

かきと白菜のあっさりシチュー … 63
カリフラワーとベーコンの
クリームパスタ … 99
完熟トマトのミネストローネ … 91
ごぼうのポタージュ … 90
じゃがいもとベーコンのオムレツ … 83
大根のガーリックしょうゆサラダ … 89
玉ねぎのベーコン巻き … 69
ベーコンときのこの和風パスタ … 19

## 魚介・加工品

### あさり

あさりと青菜のおひたし … 37
あさりのしょうゆ煮 … 36
あさりの土鍋ご飯 … 37
白身魚のカルトッチョ … 59
たらとあさりのジンジャー豆乳スープ … 91
豆腐とあさりのキムチ煮 … 80
和風ボンゴレスパゲティ … 37

### あじ

あじの梅蒸しご飯 … 96

### いわし

いわしのかば焼き … 57
いわしのハーブパン粉焼き … 57

### えび

えびそぼろ … 102
えびのレモンしょうゆ炒め … 62
えびのれんこんはさみ焼き … 63
ひすいなすと豆腐のえびあんかけ … 29

### かき

かきと白菜のあっさりシチュー … 63
かきとほうれん草のバターソテー … 72

### かに（缶詰）

かにクリームコロッケ … 63
かにとレタスのマヨサラダ … 86

### 鮭

鮭チャウダー … 33
鮭とたっぷりキャベツのみそバター炒め … 55
鮭と長ねぎの甘酢炒め … 55
鮭の青じそ照り焼き … 55
鮭のから揚げ … 33
鮭のみりん漬け … 32
鮭のムニエル
たっぷりきのこのクリームソース … 54
鮭ほぐしおにぎり … 33

### さわら

さわらのマスタードソテー … 60
さわらのムニエル カリカリパン粉がけ … 60

### さんま

さんまときのこのゆずこしょう炒め … 56
さんまの土鍋ご飯 … 93
さんまの焼きびたし … 56

### ししゃも

焼きししゃもの甘酢玉ねぎがけ … 31

### しらす

春菊の揚げしらすのせ … 73
白菜の塩ごましらすあえ … 73
薬味ちらし寿司 … 23
レタスとしらすのふんわり卵炒め … 83

### 白身魚

白身魚のカルトッチョ … 59

### すずき

すずきの甘酢あん … 59

### スモークサーモン

じゃがいもとサーモンの
ヨーグルトドレッシングサラダ … 85

### たこ

たこ焼きチャーハン … 93

### たら

たらとあさりのジンジャー豆乳スープ … 91
たらとじゃがいものスープ煮 … 58
たらとチンゲン菜の塩炒め … 59

### たらこ

にんじんたらこふりかけ … 102

### ちりめんじゃこ

小魚ふりかけ … 103

### ツナ（缶詰）

かぶおろしとツナの冷製パスタ … 99
ツナときのこのみそ炊き込みご飯 … 96
にんじんのツナおかかあえ … 67

### ぶり

ぶりカツ … 61
ぶりのガーリックバターしょうゆソテー … 61

### 帆立（缶詰）

白菜とりんごの帆立サラダ … 89
帆立のごちそう茶碗蒸し … 82

### まぐろ

夏野菜ソースのカルパッチョ … 77

### 明太子

ごぼうとひじきの明太マヨサラダ … 89
里いもの明太バターあえ … 75

## 野菜

### 青じそ

青じそのヤンニョムジャン漬け … 101
青じそみそ … 103
鮭の青じそ照り焼き … 55
ささみのミニ春巻き … 45
ししとうの青じそみそ天 … 79
山形風だし漬け … 101

### アボカド

アボカド豆腐サラダ … 88

### 枝豆

枝豆つくね … 51

### オクラ

アボカド豆腐サラダ … 88
オクラキーマカレー … 51
オクラの豚肉巻き … 48
温野菜とささみの
ハニーマスタードサラダ … 16
刻みチャーシューの冷ややっこ … 25
たらとじゃがいものスープ煮 … 58
焼き野菜の青じそオイルソースがけ … 79

### かぶ

かぶおろしとツナの冷製パスタ … 99

### かぼちゃ

温野菜とささみの
ハニーマスタードサラダ … 16
スイートパンプキンの
クリームチーズサラダ … 86
鶏肉と夏野菜の蒸し煮 … 44
フライドパンプキン … 74
焼き野菜とペンネのマリネサラダ … 87

### カリフラワー

カリフラワーとベーコンの
クリームパスタ … 99

### キャベツ

おかかキャベツの焼きいなり … 73
鮭とたっぷりキャベツのみそバター炒め … 55
ささみとせん切り野菜のサラダ … 16
塩鶏のポトフ … 21

### きゅうり

刻みチャーシューの冷ややっこ … 25
きゅうりとみょうがの梅肉あえ … 23
きゅうりとわかめの酢のもの … 31
きゅうりのえのきあえ … 79
具だくさんサンドイッチ … 15
ごぼうとひじきの明太マヨサラダ … 89
ささみの梅のり巻き … 17
ささみの生春巻き風 … 16
塩きゅうり … 22
夏野菜ソースのカルパッチョ … 77
白菜の塩ごましらすあえ … 73
春雨サラダ … 88
ピリ辛きゅうり漬け … 100
豚しゃぶと塩きゅうりのごま酢あえ … 23
薬味ちらし寿司 … 23
山形風だし漬け … 101

### グリーンアスパラ

アスパラのホイル焼き 温玉ソース … 78
鶏胸肉のアスパラロール … 44

### グリーンピース

春色お豆のポテトサラダ … 86

### クレソン

大根のガーリックしょうゆサラダ … 89

### コーン（生・缶詰）

じゃがバタコーン … 65
ソーセージカレーピラフ … 94
ツナときのこのみそ炊き込みご飯 … 96
とうもろこしのピリ辛そぼろ炒め … 53

### ごぼう

ごぼうとひじきの明太マヨサラダ … 89
ごぼうののり塩きんぴら … 71
ごぼうのポタージュ … 90
根菜とひき肉の春雨炒め … 53
根菜とひじきの豆腐ハンバーグ … 51
新ごぼうのくるみ揚げ … 71
豚ごぼうとひじきの五目炊き込みご飯 … 97
豚ごぼうのトマト煮 … 48
ぽかぽか！ みそけんちん汁 … 91

### 小松菜

あさりと青菜のおひたし … 37
豚肉と小松菜のあんかけご飯 … 95

### さつまいも

温野菜とささみの
ハニーマスタードサラダ … 16
さつまいものミルク煮 … 75
スイートパンプキンの
クリームチーズサラダ … 86
ホクホクおいもスティック … 75

### 里いも

里いもの明太バターあえ … 75
手羽先と里いものみそバター煮 … 44

### さやいんげん

しっとりうの花 … 81
手羽中ときのこのピリ辛炒め … 43

### ししとう

ししとうの青じそみそ天 … 79
豚肉となすの青じそみそ炒め … 47

### じゃがいも

完熟トマトのミネストローネ … 91
粉ふきいもの青じそオイルソースがけ … 65
鮭チャウダー … 33
ささみのポテトころも焼き … 44
塩鶏のポトフ … 21
じゃがいもとサーモンの
ヨーグルトドレッシングサラダ … 85
じゃがいもとベーコンのオムレツ … 83
じゃがバタコーン … 65
たらとじゃがいものスープ煮 … 58
春色お豆のポテトサラダ … 86
豚肉とじゃがいものキムチ炒め … 64
ポテトとブロッコリーのガーリック炒め … 65

### 春菊

春菊の揚げしらすのせ … 73

### ズッキーニ

ささみとズッキーニのねぎ塩あえ … 17
ズッキーニと長ねぎの焼きびたし … 78
ズッキーニのマヨチーズフライ … 78

焼き野菜とペンネのマリネサラダ……87
ラタトゥイユ……78

**スナップえんどう**
ミモザサラダ……87

**セロリ**
完熟トマトのミネストローネ……91
ささみとせん切り野菜のサラダ……16

**大根**
塩鶏と大根の煮もの……21
大根ステーキ……71
大根のガーリックしょうゆサラダ……89
大根の昆布漬け……100
豚肉とほうれん草の豆乳しゃぶしゃぶ……49
豚肉のみぞれ蒸し たっぷりにらだれ……49
ベトナム風サンドイッチ……31
ぽかぽか！ みそけんちん汁……91

**たけのこ（水煮）**
たけのことひき肉の卵とじ……83

**玉ねぎ**
オクラキーマカレー……51
かにクリームコロッケ……63
完熟トマトのミネストローネ……91
刻みブロッコリーとひき肉のパスタ……98
きゅうりとわかめの酢のもの……31
ごぼうのポタージュ……90
鮭チャウダー……33
鮭とたっぷりキャベツのみそバター炒め……55
塩鶏のポトフ……21
じゃがいもとサーモンの
　ヨーグルトドレッシングサラダ……85
じゃがいもとベーコンのオムレツ……83
春菊の揚げしらすのせ……73
新玉ねぎの甘酢漬け……30
新玉ねぎの丸ごと焼き……69
スライストマトの中華サラダ……88
ソーセージカレーピラフ……94
玉ねぎのカレーピカタ……68
玉ねぎのベーコン巻き……69
トマトピューレのナポリタン……98
鶏肉と夏野菜の蒸し煮……44
なすとひき肉の重ね焼き……52
夏野菜ソースのカルパッチョ……77
肉だんごの甘酢あん……52
にんじんのマスタードサラダ……87
春色お豆のポテトサラダ……86
豚ごぼうのトマト煮……48
豚肉と玉ねぎのから揚げ……69
豚肉とれんこんのから揚げ……49
ベトナム風サンドイッチ……31
ミートボールトマト煮込み……50
焼きししゃもの甘酢玉ねぎがけ……31
やわらか豚丼……35
ラタトゥイユ……78

**チンゲン菜**
たらとチンゲン菜の塩炒め……59

**トマト**
いわしのハーブパン粉焼き……57
完熟トマトのミネストローネ……91
具だくさんサンドイッチ……15
スライストマトの中華サラダ……88
トマトのチーズソテー……79
トマトピラフ……94
夏野菜ソースのカルパッチョ……77

**長ねぎ**
枝豆つくね……51
えびのれんこんはさみ焼き……63
お揚げの卵とじ丼……39
鮭と長ねぎの甘酢炒め……55
しっとりうの花……81
ズッキーニと長ねぎの焼きびたし……78
たこ焼きチャーハン……93
たらとあさりのジンジャー豆乳スープ……91
鶏胸肉のねぎみそ炒め……45
白菜の和風ロール蒸し……52
豚肉とほうれん草の豆乳しゃぶしゃぶ……49
ぽかぽか！ みそけんちん汁……91
焼き鶏チャーシューの辛ねぎ添え……25
焼きねぎ入りきつねそば……39

**なす**
揚げなす……26
揚げなすのごましょうがあえ……27
オクラキーマカレー……51
鶏肉と夏野菜の蒸し煮……44
なすとひき肉の重ね焼き……52
なすの揚げびたし……27
なすの浅漬けの梅あえ……101
ひすいなす……28
ひすいなすと豆腐のえびあんかけ……29
ひすいなすの豆乳ごまだれ……29
ひすいなすのナムル……29
豚肉となすの青じそみそ炒め……47
マーボーなす風そぼろ炒め……27
焼き野菜とペンネのマリネサラダ……87
山形風だし漬け……101
ラタトゥイユ……78

**にら**
根菜とひき肉の春雨炒め……53
ジューシー！ 焼き餃子……53

**にんじん**
完熟トマトのミネストローネ……91
切干大根のハリハリ漬け風……100
根菜とひき肉の春雨炒め……53
鮭チャウダー……33
ささみの生春巻き風……16
塩鶏のポトフ……21
しっとりうの花……81
にんじんたらこふりかけ……102
にんじんのしょうゆ漬け……101
にんじんのグラッセ……67
にんじんのツナおかかあえ……67
にんじんのマスタードサラダ……87
にんじんフライ……66
ひじきと厚揚げの煮もの……81
ピリ辛きゅうり漬け……100
豚ごぼうとひじきの五目炊き込みご飯……97
ベトナム風サンドイッチ……31
ぽかぽか！ みそけんちん汁……91
焼きにんじん……67

**白菜**
かきと白菜のあっさりシチュー……63
ジューシー！ 焼き餃子……53
白菜とりんごの帆立サラダ……89
白菜の塩ごましらすあえ……73
白菜のゆず漬け……100
白菜の和風ロール蒸し……52

**パプリカ**
アボカド豆腐サラダ……88
ごぼうとひじきの明太マヨサラダ……89
焼き野菜とペンネのマリネサラダ……87
ラタトゥイユ……78

**ピーマン**
オクラキーマカレー……51
すずきの甘酢あん……59
ソーセージカレーピラフ……94
トマトピューレのナポリタン……98
鶏肉と夏野菜の蒸し煮……44
焼きピーマンのおかかしょうゆ……76

**ブロッコリー**
温野菜とささみの
　ハニーマスタードサラダ……16
刻みブロッコリーとひき肉のパスタ……98
ポテトとブロッコリーのガーリック炒め……65
ミモザサラダ……87

**ベビーリーフ**
じゃがいもとサーモンの
　ヨーグルトドレッシングサラダ……85

**ほうれん草**
かきとほうれん草のバターソテー……72
豚肉とほうれん草の豆乳しゃぶしゃぶ……49

**水菜**
ささみとせん切り野菜のサラダ……16

**三つ葉**
ささみともやしのザーサイあえ……17
帆立のごちそう茶碗蒸し……82

**ミニトマト**
きのことトマトソースのオムレツ……19
白身魚のカルトッチョ……59
鶏肉と夏野菜の蒸し煮……44
焼き野菜とペンネのマリネサラダ……87
焼き野菜の青じそオイルソースがけ……79

**みょうが**
きゅうりとみょうがの梅肉あえ……23
豚肉のみょうが炒め……48
焼き野菜の青じそオイルソースがけ……79
薬味ちらし寿司……23
山形風だし漬け……101

**もやし**
ささみともやしのザーサイあえ……17
春雨サラダ……88
豚肉とじゃがいものキムチ炒め……64

**リーフレタス・レタス**
かにとレタスのマヨサラダ……86
具だくさんサンドイッチ……15
じゃがいもとサーモンの
　ヨーグルトドレッシングサラダ……85
ミモザサラダ……87
レタスとしらすのふんわり卵炒め……83

**りんご**
白菜とりんごの帆立サラダ……89

**れんこん**
えびのれんこんはさみ焼き……63
根菜とひじきの豆腐ハンバーグ……51
すずきの甘酢あん……59
鶏とれんこんの混ぜご飯……97
豚肉とれんこんのから揚げ……49
豚肉とれんこんのごまみそ炒め……70

## きのこ
かきと白菜のあっさりシチュー……63
かにクリームコロッケ……63
きのことトマトソースのオムレツ……19
きのこと豆のオイルマリネ……19
きのこのヘルシーコンフィ……18
きゅうりのえのきあえ……79
ごぼうのポタージュ……90
根菜とひき肉の春雨炒め……53
鮭チャウダー……33
鮭と長ねぎの甘酢炒め……55
鮭のムニエル
　たっぷりきのこのクリームソース……54
さんまときのこのゆずこしょう炒め……56
塩鶏のポトフ……21
ツナときのこのみそ炊き込みご飯……96
手羽先と里いものみそバター煮……44
手羽中ときのこのピリ辛炒め……43
白菜の和風ロール蒸し……52
ひじきと厚揚げの煮もの……81
豚ごぼうとひじきの五目炊き込みご飯……97
ベーコンときのこの和風パスタ……19
ぽかぽか！ みそけんちん汁……91
焼きピーマンのおかかしょうゆ……76

## 卵
味玉のせ鶏チャーシュー丼……25
アスパラのホイル焼き 温玉ソース……78
お揚げの卵とじ丼……39
きのことトマトソースのオムレツ……19
具だくさんサンドイッチ……15
じゃがいもとベーコンのオムレツ……83
たけのことひき肉の卵とじ……83
春色お豆のポテトサラダ……86
春雨サラダ……88
帆立のごちそう茶碗蒸し……82
ミモザサラダ……87
卵黄のしょうゆ漬け……102
レタスとしらすのふんわり卵炒め……83

## 大豆製品

**厚揚げ**
ひじきと厚揚げの煮もの……81

**油揚げ**
油揚げの甘辛煮……38
お揚げの卵とじ丼……39
おかかキャベツの焼きいなり……73
しっとりうの花……81
ミニいなり……39
焼きねぎ入りきつねそば……39

**おから**
しっとりうの花……81

**豆腐**
アボカド豆腐サラダ……88
刻みチャーシューの冷ややっこ……25
凍り豆腐の揚げだし……81
根菜とひじきの豆腐ハンバーグ……51
豆腐とあさりのキムチ煮……80
肉豆腐……35
ひすいなすと豆腐のえびあんかけ……29
ぽかぽか！ みそけんちん汁……91

## チーズ
具だくさんサンドイッチ……15
スイートパンプキンの
　クリームチーズサラダ……86
ズッキーニのマヨチーズフライ……78
なすとひき肉の重ね焼き……52

## 海産品・加工品

**塩昆布**
黒のふりかけ……103

**ひじき（乾燥・水煮）**
ごぼうとひじきの明太マヨサラダ……89
根菜とひじきの豆腐ハンバーグ……51
しっとりうの花……81
ひじきと厚揚げの煮もの……81
豚ごぼうとひじきの五目炊き込みご飯……97

**焼きのり**
黒のふりかけ……103
鮭ほぐしおにぎり……33
ささみの梅のり巻き……17

**わかめ（生・乾燥）**
きゅうりとわかめの酢のもの……31
黒のふりかけ……103

## 乾物・加工品

**味つきザーサイ**
ささみともやしのザーサイあえ……17

**梅干し**
梅干しのめんつゆ漬け……102

**きくらげ（乾燥）**
春雨サラダ……88

**切干大根**
切干大根のハリハリ漬け風……100

**トマト缶**
豚ごぼうのトマト煮……48
ミートボールトマト煮込み……50
ラタトゥイユ……78

**白菜キムチ**
豆腐とあさりのキムチ煮……80
豚肉とじゃがいものキムチ炒め……64

**春雨**
根菜とひき肉の春雨炒め……53
ささみの生春巻き風……16
春雨サラダ……88

**ミックスビーンズ缶**
きのこと豆のオイルマリネ……19

**柳川かおり**（やながわ・かおり）

料理家。2児の母。医師。
出産を機に2011年より料理ブログをスタート。「シンプルな料理をよりおいしく！」をモットーに、毎日食べても飽きないような「おうちごはん」を提案している。
2012年「ヒルナンデス！」（日本テレビ系）番組内で開催された史上最大の家庭料理コンテスト「レシピの女王シーズン2」にて優勝。その後、テレビや雑誌、ウェブサイトなど各種メディアにてコラム執筆、レシピ提供などを行うほか、食品メーカーのレシピ開発も手がける。
近著に『カラダにうれしい毎日ごはん。』（発行：東京ニュース通信社、発売：講談社）、『いつものおかずがぐっとこなれる 簡単ひと手間 共働きごはん』（講談社）。

**レシピサイトNadia 公式ページ：https://oceans-nadia.com/user/11285**
**公式インスタグラム：@kaori_yanagawa**

Staff

| | |
|---|---|
| 撮影 | 吉田篤史　柳川かおり |
| ブックデザイン | 山本倫子 pond inc. |
| 取材・構成 | 坂本典子　佐藤由香（シェルト＊ゴ） |
| 校閲 | 滝田恵（シェルト＊ゴ） |
| 制作協力 | 葛城嘉紀　黒澤佳（Nadia株式会社） |
| 編集 | 東田卓郎 |

少しの工夫でたくさんラクする
**毎日おいしいおかず220**

| | |
|---|---|
| 著　者 | 柳川かおり |
| 編集人 | 東田卓郎 |
| 発行人 | 倉次辰男 |
| 発行所 | 株式会社 主婦と生活社<br>〒104-8357　東京都中央区京橋3-5-7<br>https://www.shufu.co.jp |
| 編集部 | tel:03-3563-5129 |
| 販売部 | tel:03-3563-5121 |
| 生産部 | tel:03-3563-5125 |
| 製版所 | 東京カラーフォト・プロセス株式会社 |
| 印刷所 | 共同印刷株式会社 |
| 製本所 | 共同製本株式会社 |

ISBN978-4-391-16010-9



※本書は生活シリーズ『Cho-cocoさんちの毎日Happyおかず』を加筆修正し、書籍化したものです。



**読者アンケートにご協力ください**

この度はお買い上げいただきありがとうございました。『少しの工夫でたくさんラクする　毎日おいしいおかず220』はいかがだったでしょうか？　左のQRコードからアンケートにお答えいただけると幸いです。今後の本作りの参考にさせていただきます。所要時間は5分ほどです。

※このアンケートは編集作業の参考にするもので、ほかの目的では使用いたしません。詳しくは当社のプライバシーポリシー（https://www.shufu.co.jp/privacy/）をご覧ください。